ATLAS

DU

DICTIONNAIRE DES PÊCHES.

IMPRIMERIE DE MADAME HUZARD (NÉE VALLAT LA CHAPELLE), RUE DE L'ÉPERON, N° 7.

TRAITÉ GÉNÉRAL

DES

EAUX ET FORÊTS, CHASSES ET PÊCHES.

QUATRIÈME PARTIE.

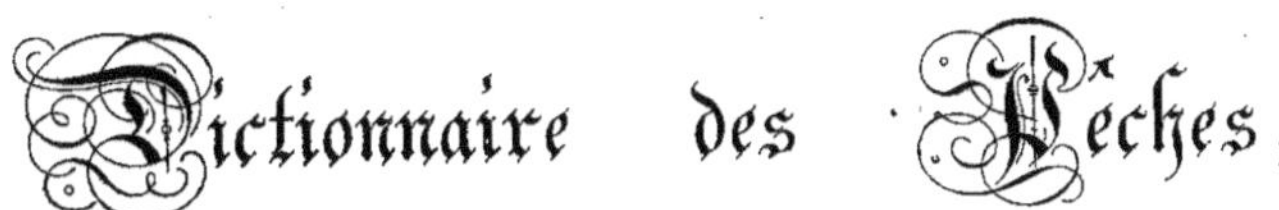

Par M. Baudrillart.

ATLAS.

Paris,

ARTHUS BERTRAND, LIBRAIRE-ÉDITEUR,
RUE HAUTEFEUILLE, N° 28;

MADAME HUZARD (NÉE VALLAT LA CHAPELLE), IMPRIMEUR-LIBRAIRE,
RUE DE L'ÉPERON SAINT-ANDRÉ-DES-ARTS, N° 7.

1827.

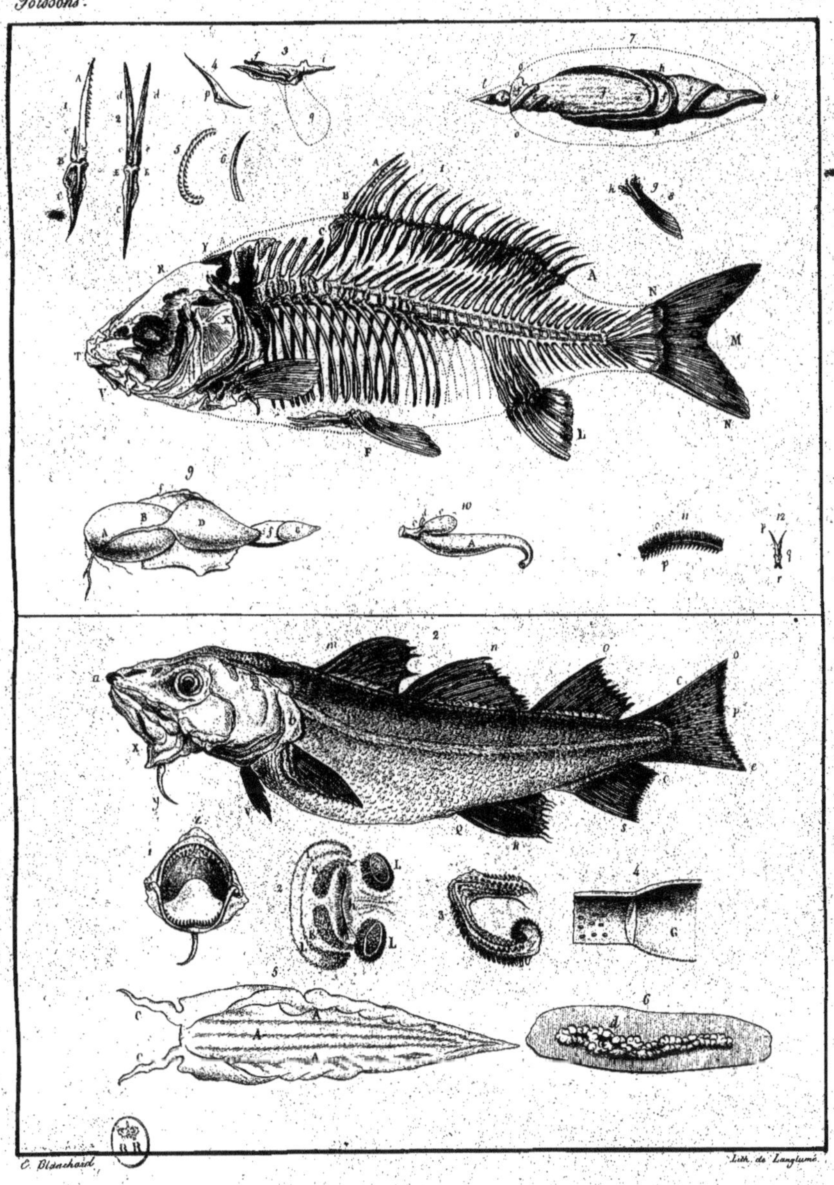

C. Blanchard. Lith. de Langlumé.

1. Squelette de la Carpe 2. Morue

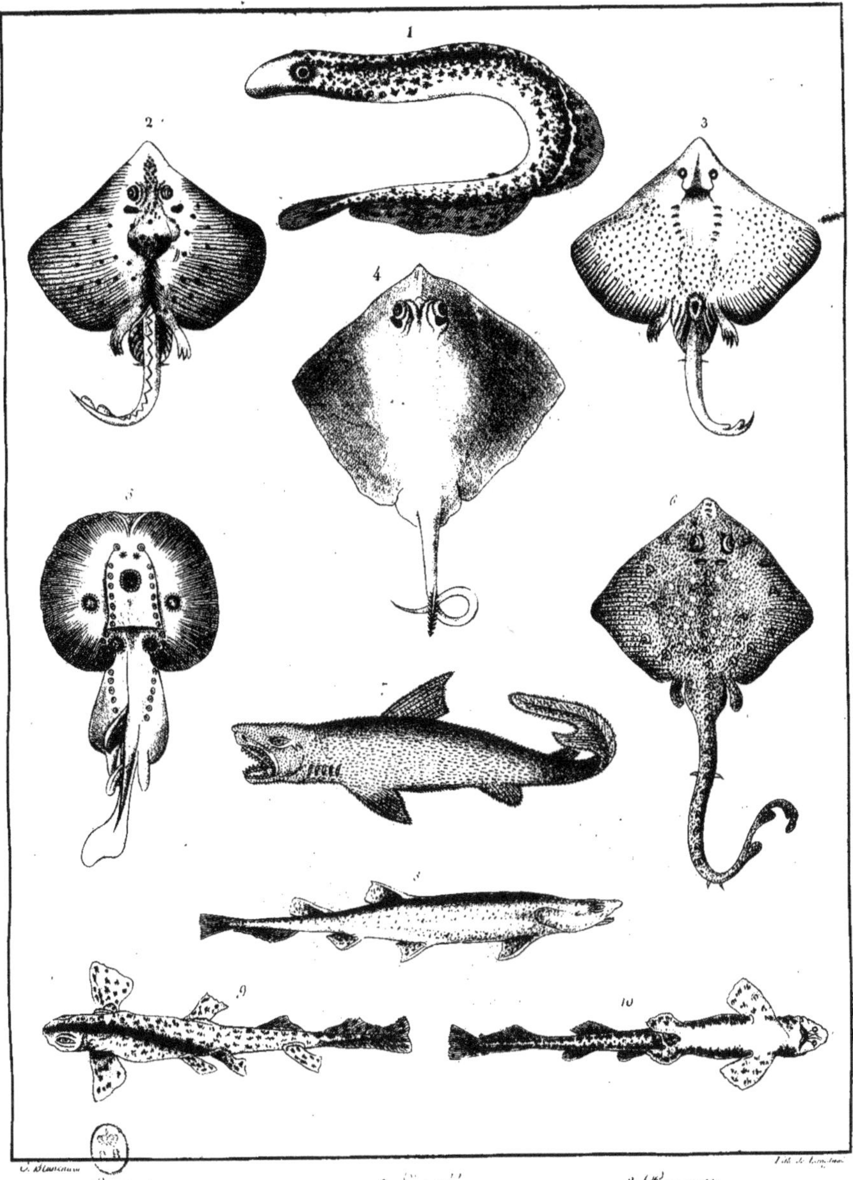

1. Lamproie.
2. Raie batis dessus.
3. Raie batis dessous.
4. Raie pastenade.
5. Torpille.
6. Raie bouclée.
7. Requin.
8. Roussette.
9. Chat Rochier dessus.
10. Chat Rochier dessous.

E. Blanchard. Lith. de Langlumé

1. *Milandre, dessus*
2. *Milandre, dessous*
3. *Marteau*
4. *Tête du Marteau.*
5. *Anguillat.*
6. *Ange*
7. *Baudroie.*
8. *Esturgeon*
9. *Anguille de mer*
10. *Anguille.*
11. *Appât de vase.*
12. *Donzelle.*

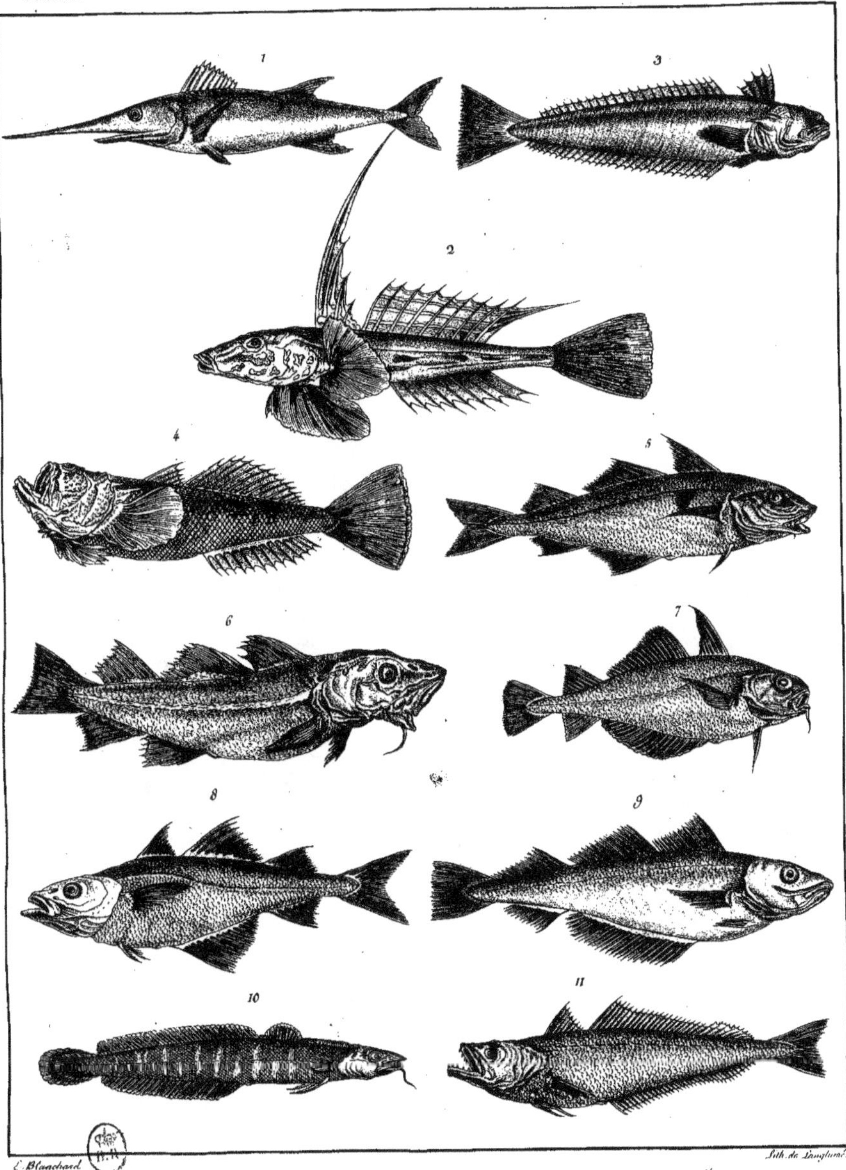

E. Blanchard — Lith. de Langlumé.

1. Espadon.
2. Lyre-doucet.
3. Vive.
4. Rascasse blanche.
5. Anon.
6. Morue.
7. Tacan.
8. Lieu.
9. Merlan.
10. Lingue.
11. Gade-Merlu.

E. Blanchard. *Lith. de Sanglumé*

1. Ruban.
2. Thon.
3. Bonithe.
4. Maquereau.
5. Verdier.
6. Maquereau bâtard.
7. Rascasse.
8. Scorpion de mer.
9. Chabot.
10. Crabe de Biarrits.

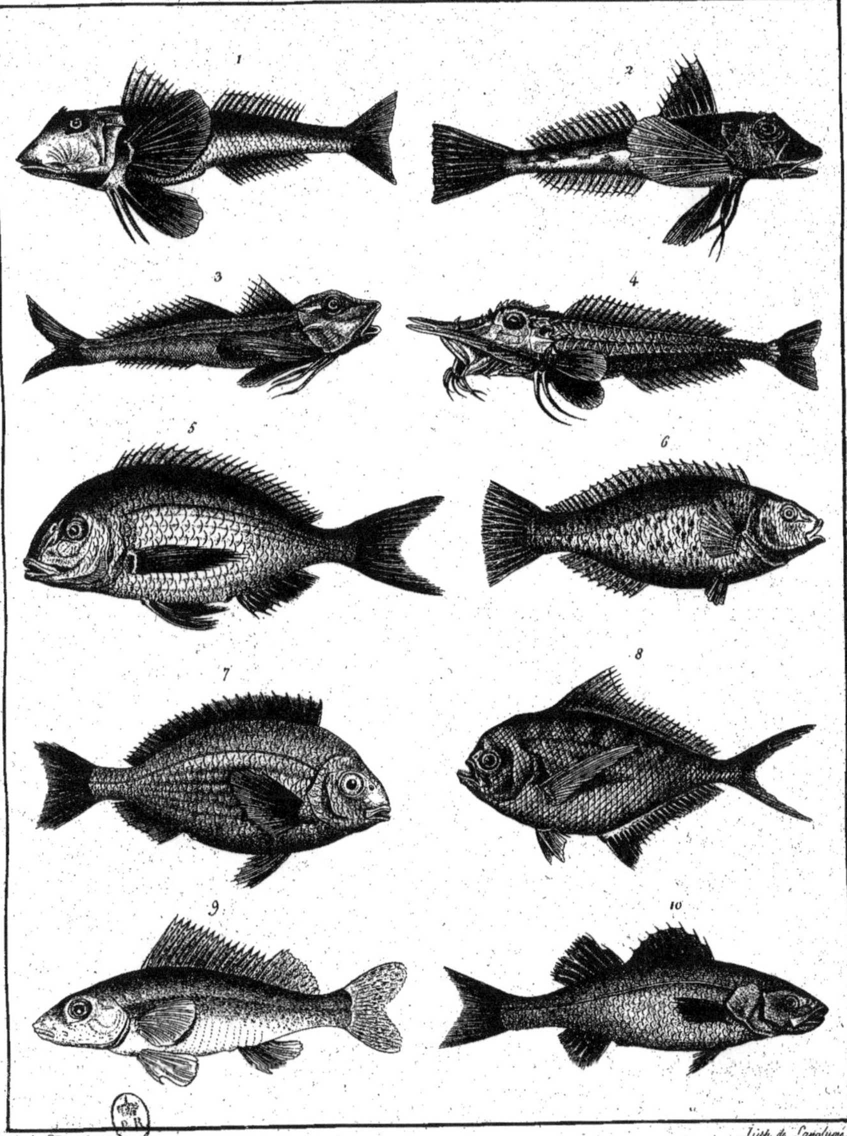

1. Perlon.
2. Rouget grondin.
3. Rouget grumelet.
4. Malarmat.
5. Daurade.
6. Girelle.
7. Brême de mer.
8. Castagnole.
9. Perche goujonnière.
10. Bar ou loup.

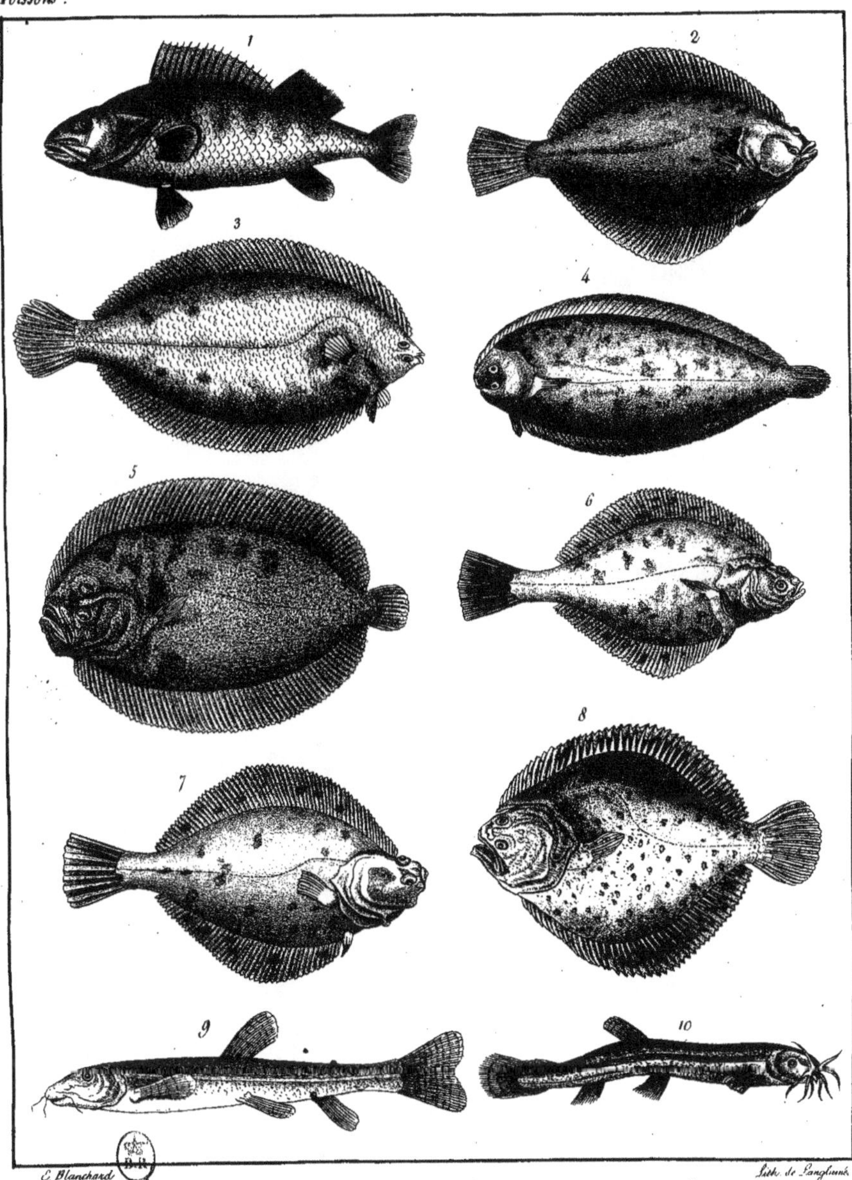

E. Blanchard — Lith. de Langlumé

1. Perche de Rivière.
2. Limande.
3. Limandelle.
4. Sole
5. Grosse plie.
6. Petite plie.
7. Carrelets.
8. Turbot.
9. Franche Barbotte.
10. Misgurnus fossilis.

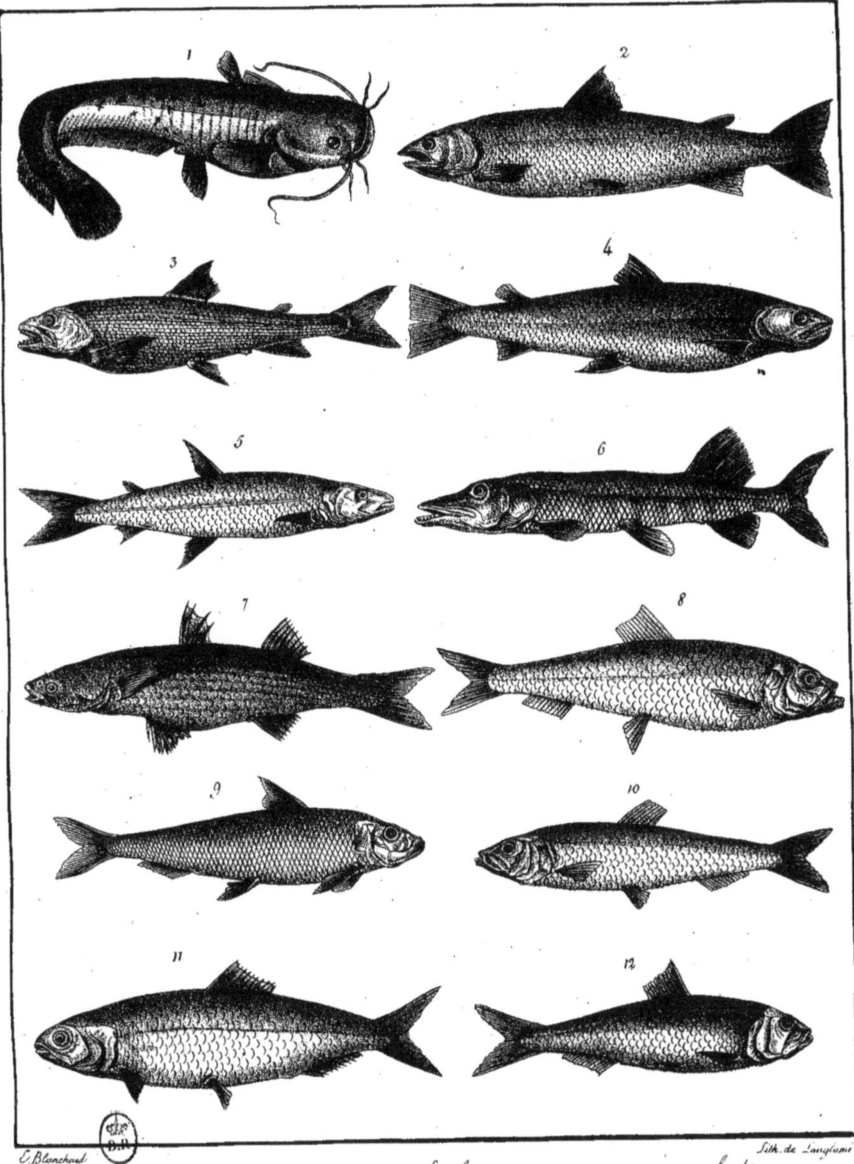

E. Blanchard — Lith. de Langlumé

1. Glanis.
2. Saumon
3. Omble chevalier
4. Truite.
5. Eperlan.
6. Brochet.
7. Mulet de mer.
8. Hareng plein.
9. Sardine.
10. Hareng gay.
11. Alose.
12. Fiente.

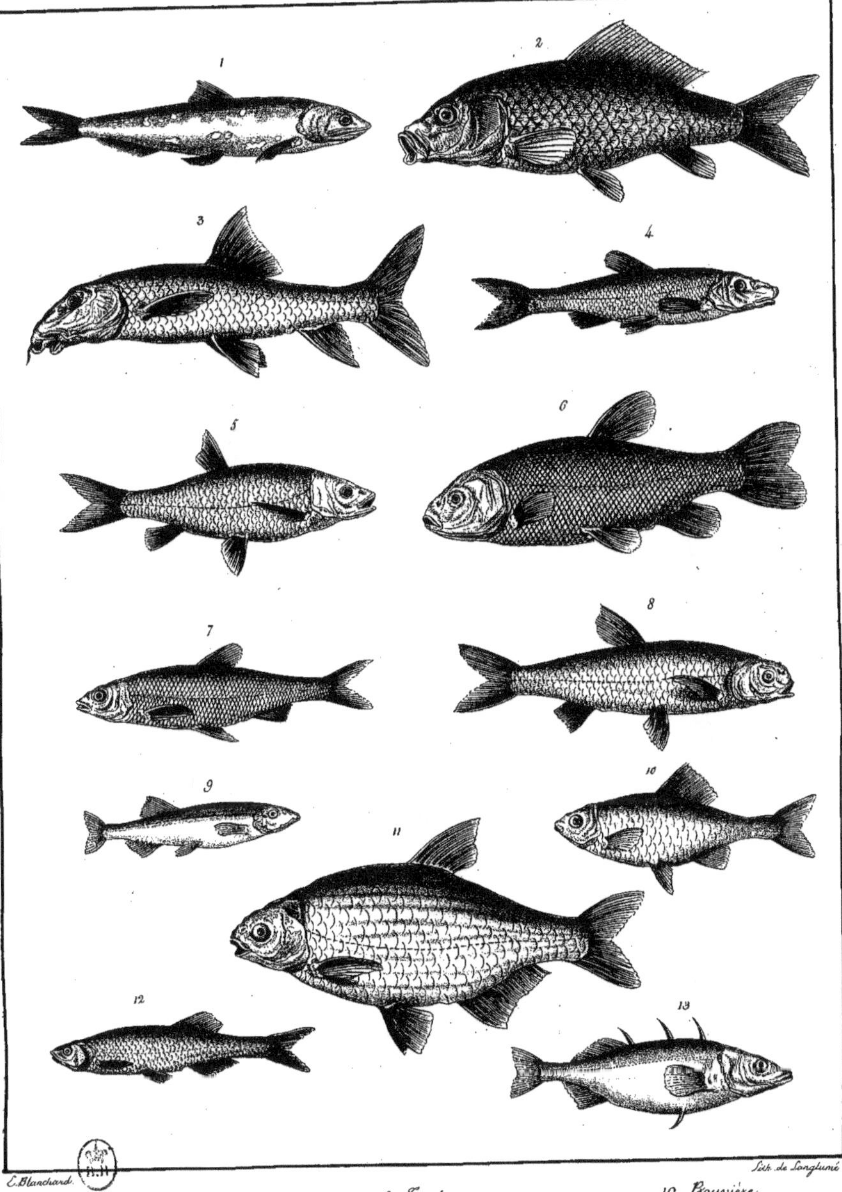

E. Blanchard. Lith. de Langlumé

1. Anchois.
2. Carpe.
3. Barbeau.
4. Goujon.
5. Gardon.
6. Tanche.
7. Vandoise.
8. Chevanne.
9. Véron.
10. Bouvière.
11. Brême.
12. Able.
13. Épinoche.

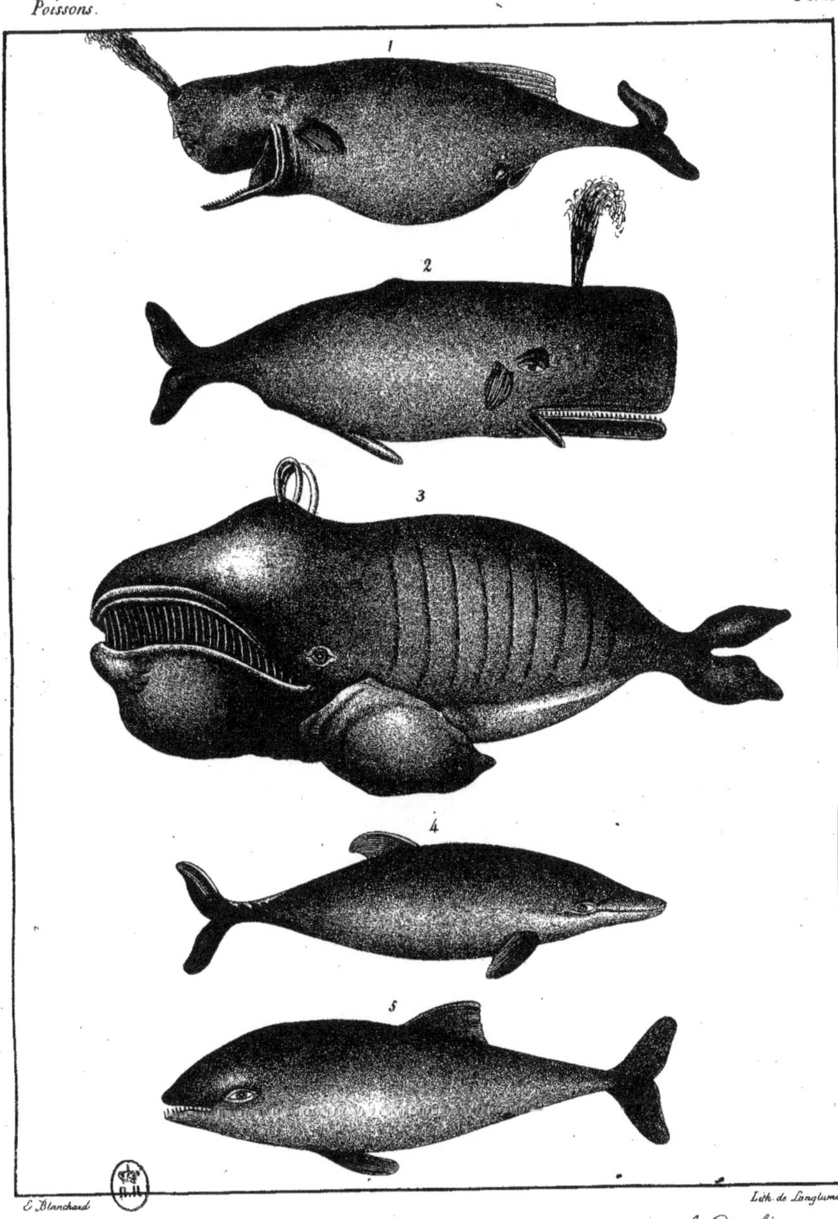

E. Blanchard — *Lith. de Langlumé.*

1. Le Cachelot
2. Le Physale

3. la Baleine.

4. le Dauphin.
5. le Marsouin.

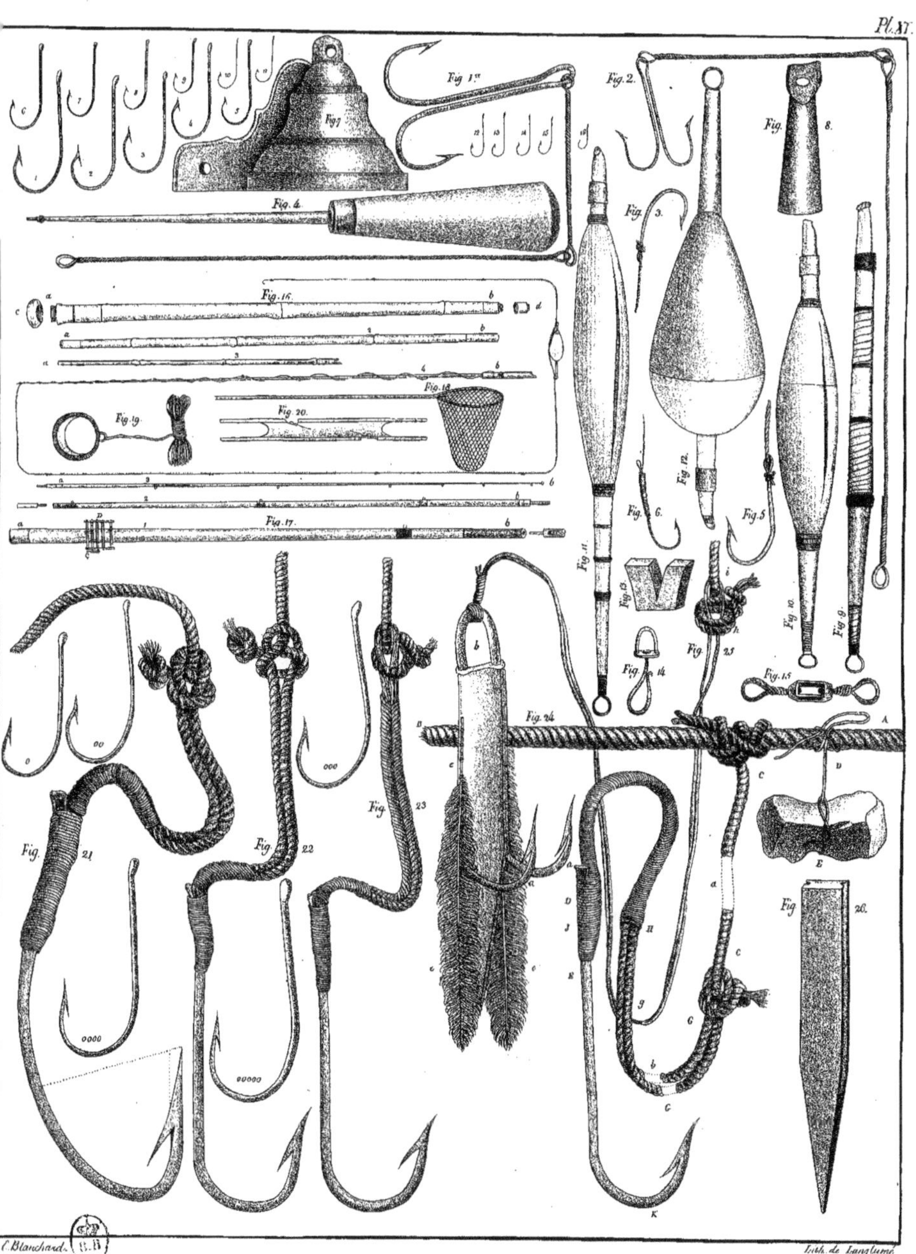

Hameçons, Rains, Lignes, Cordes, etc.

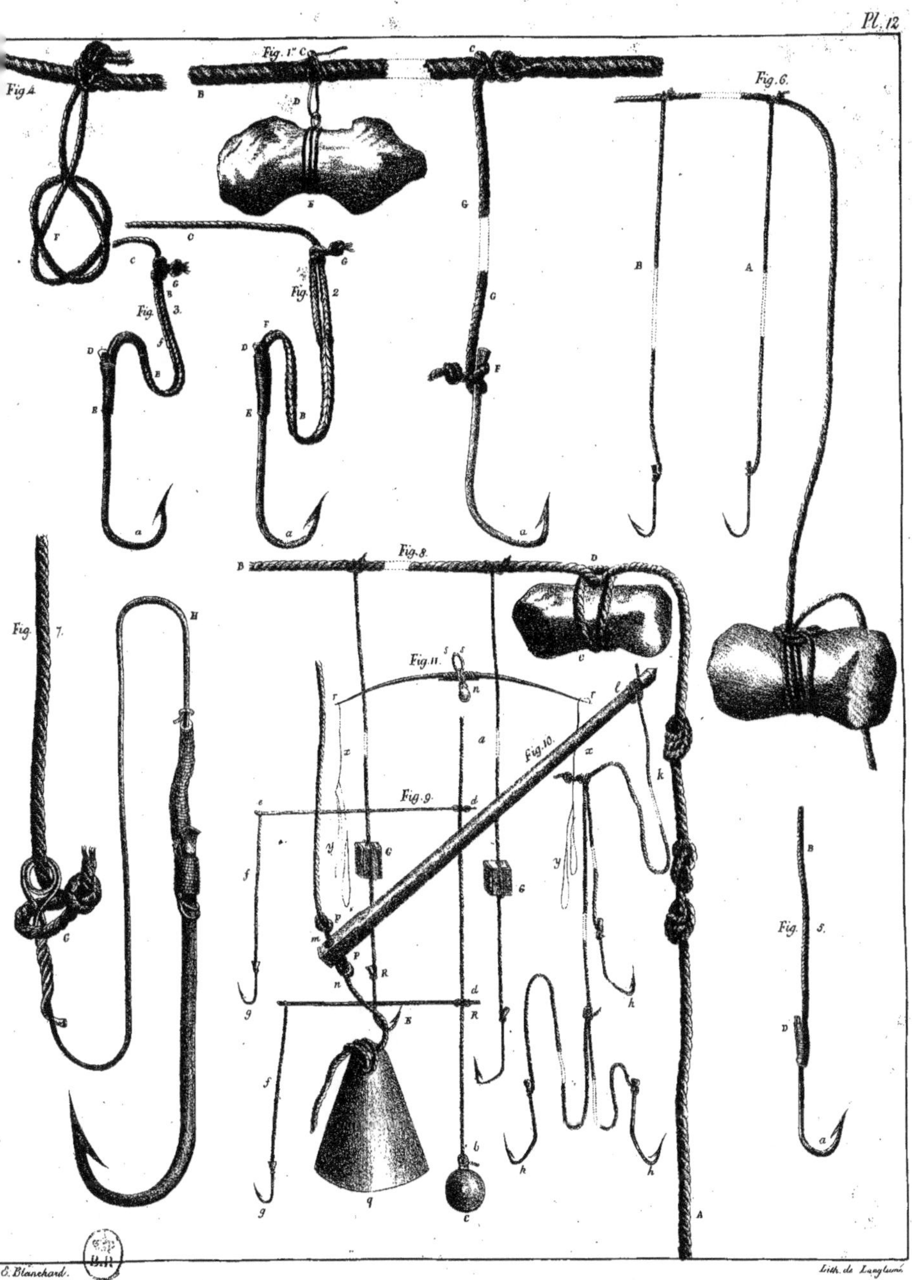

E. Blanchard. Lith. de Langlumé

Hamecons, hains, Bauffe, Empiles, etc.

Pl. 13

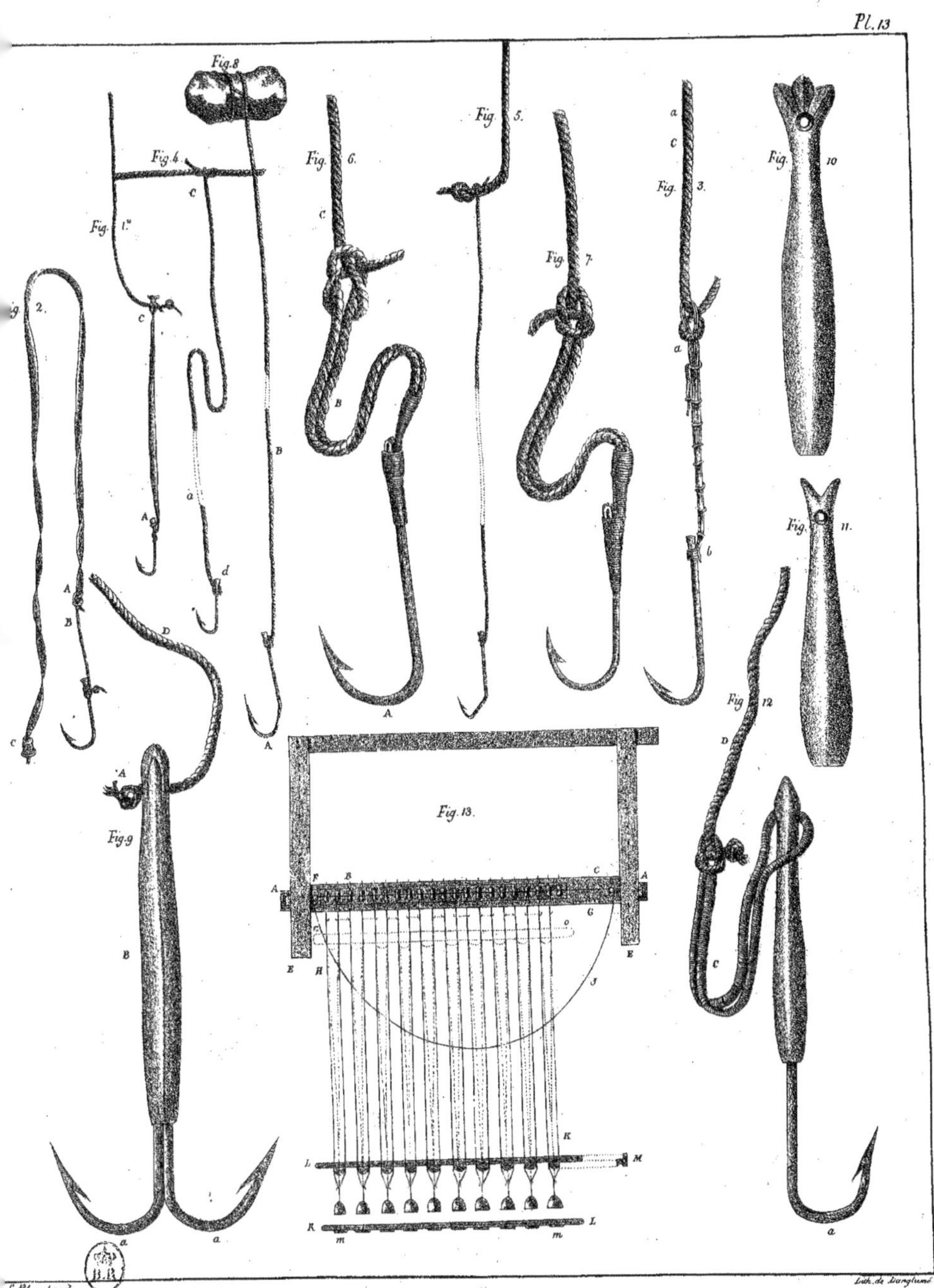

E. Blanchard.

Lith. de Langlumé

Hameçons Hains, Métier ou Carré, etc.

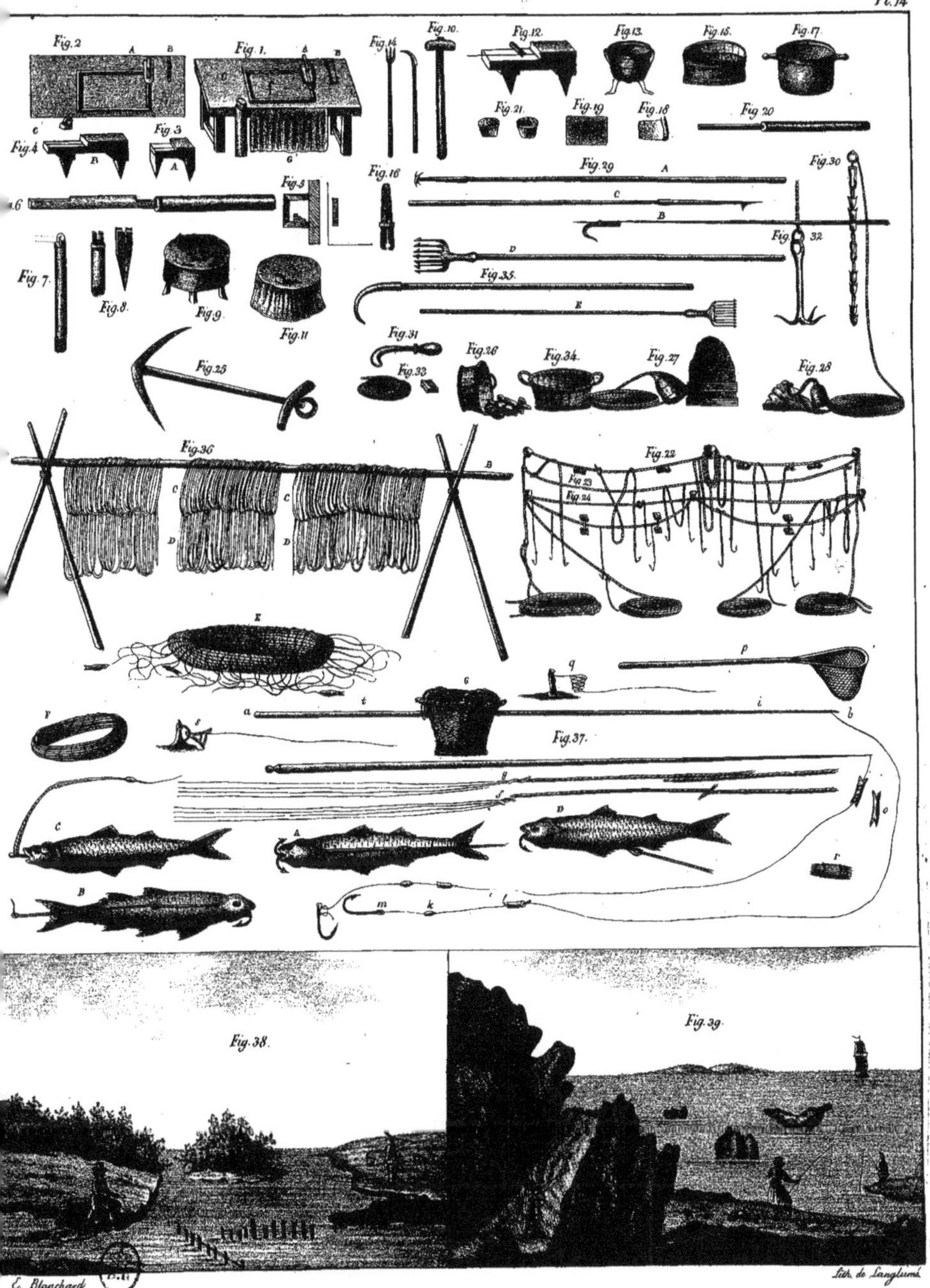

E. Blanchard

Lith. de Langlumé

Etamage des hains, les appelets; la pêche à la Canne, etc.

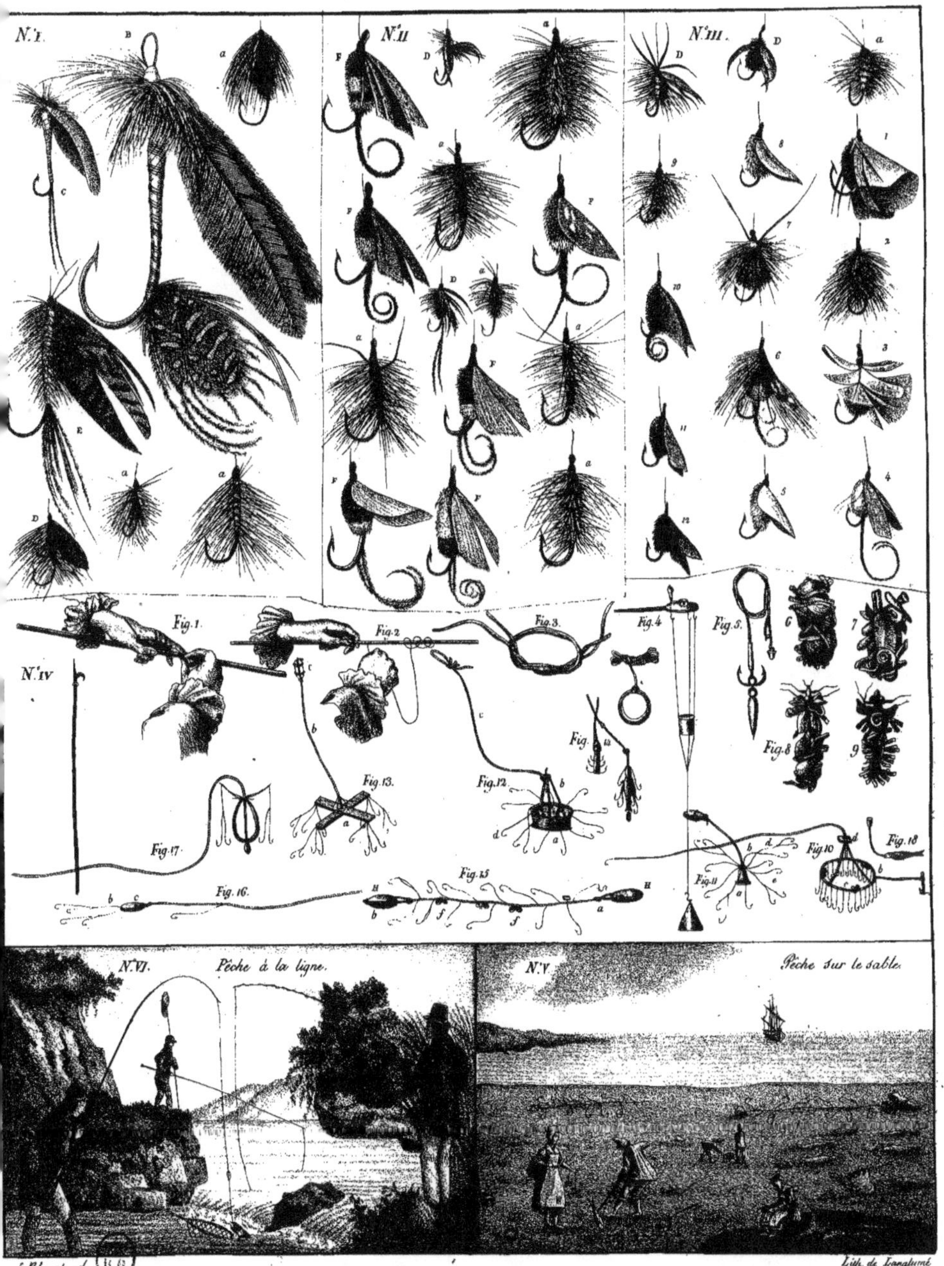

E. Blanchard

Lith. de Langlumé

Appâts Factices, pêche à la ligne, petites Cablières, Lignes dormantes, etc.

Pl. 16

N.° I

Fig. 1 Fig. 2

N.° II

Fig. 2 Fig. 1 Fig. 4 Fig. 5 Fig. 7 Fig. 3 Fig. 6

N.° III

N.° IV

N.° V

N.° VI

N.° VII

N.° VIII

E. Blanchard.

Lith. de Langlumé.

Tente de Cordes sur des piquets, Cordes flottantes, ustensiles de pêche, pêche par fond, pêche des Morues etc.

E. Blanchard (B.R.)

Lith. de Langlumé

Pêche à la Balle et au grand Couple. Pêcheurs vérotiers, instrumens de ces pêcheurs et pour la pêche des Coquillages, Pêche de nuit, etc.

Pl. 18

E. Blanchard. Lith. de Langlumé

Pêche de nuit à l'Espadot, pêche au Rateau, à la Herse, &c, dans le sable et les fonds vaseux, pêche au Flambeau, etc.

Pêche au Rateau, à la Fouane, au Flambeau, au Fanillon, plusieurs Harpons, Savre, etc.

Pl. 20

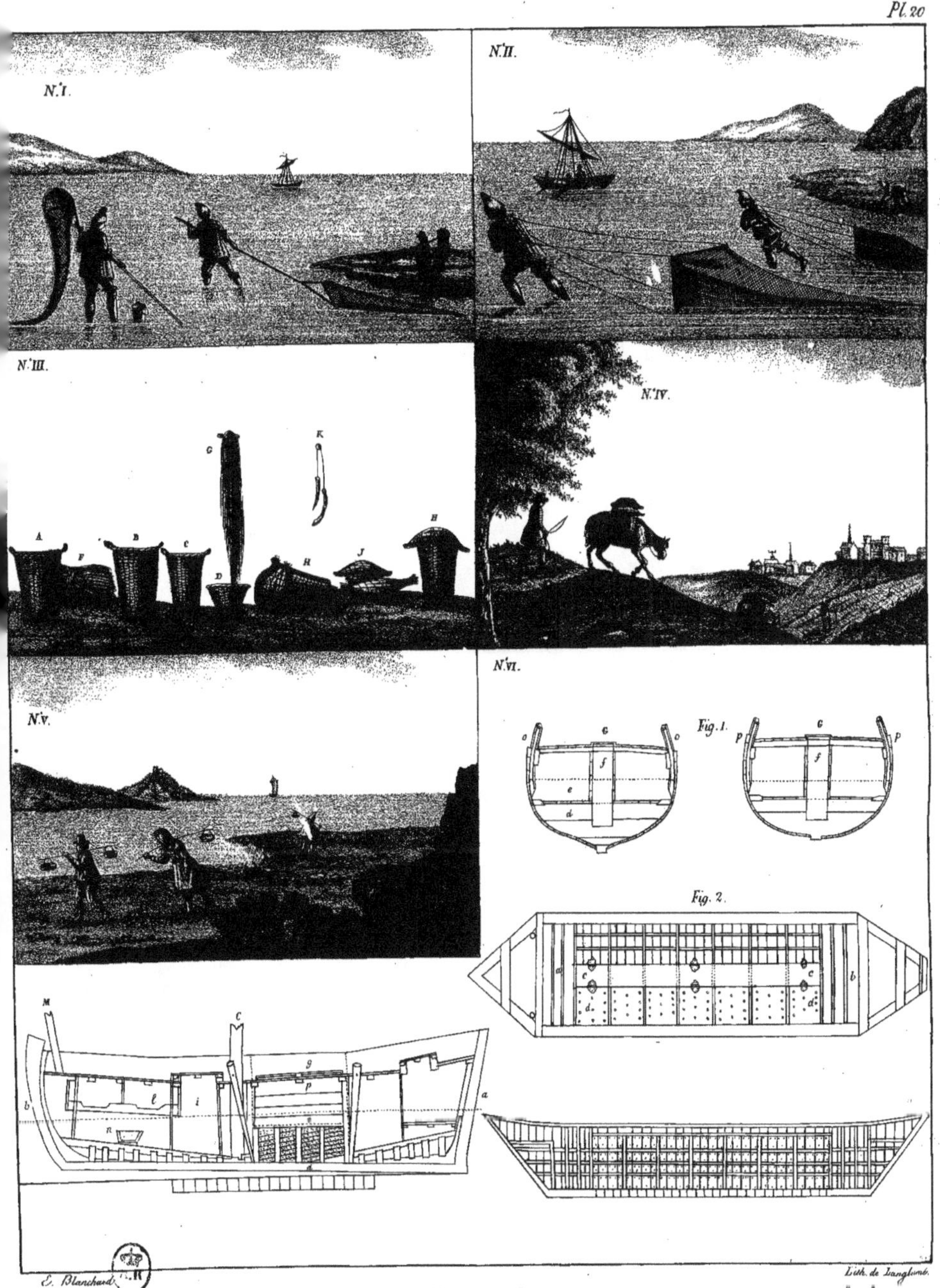

E. Blanchard. Lith. de Langlumé.

Pêche du Nonat avec le Savre à Rateau, à la Bache roulante, paniers à transporter le poisson, huche pour le conserver, Vivier, Boutique, Pêche à la grande Seine &c.

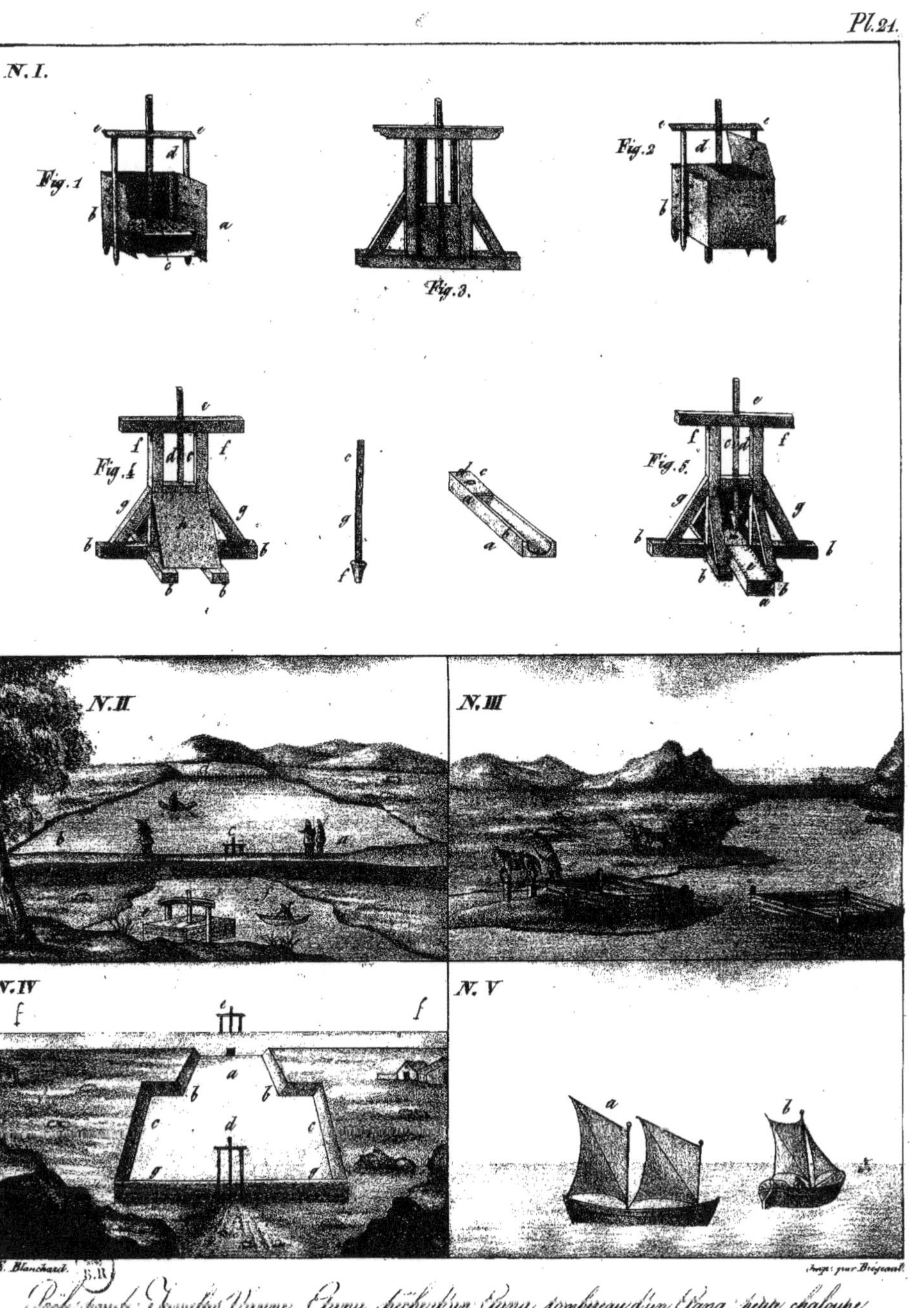

E. Blanchard. Impr. par Bréauté.

Pelle, bonde, Ventelles, Vanne, Étang, pêche d'un Étang, tombereau d'un Étang, petite chaloupe nommée flambert, petit bateau pour la pêche du Libouret.

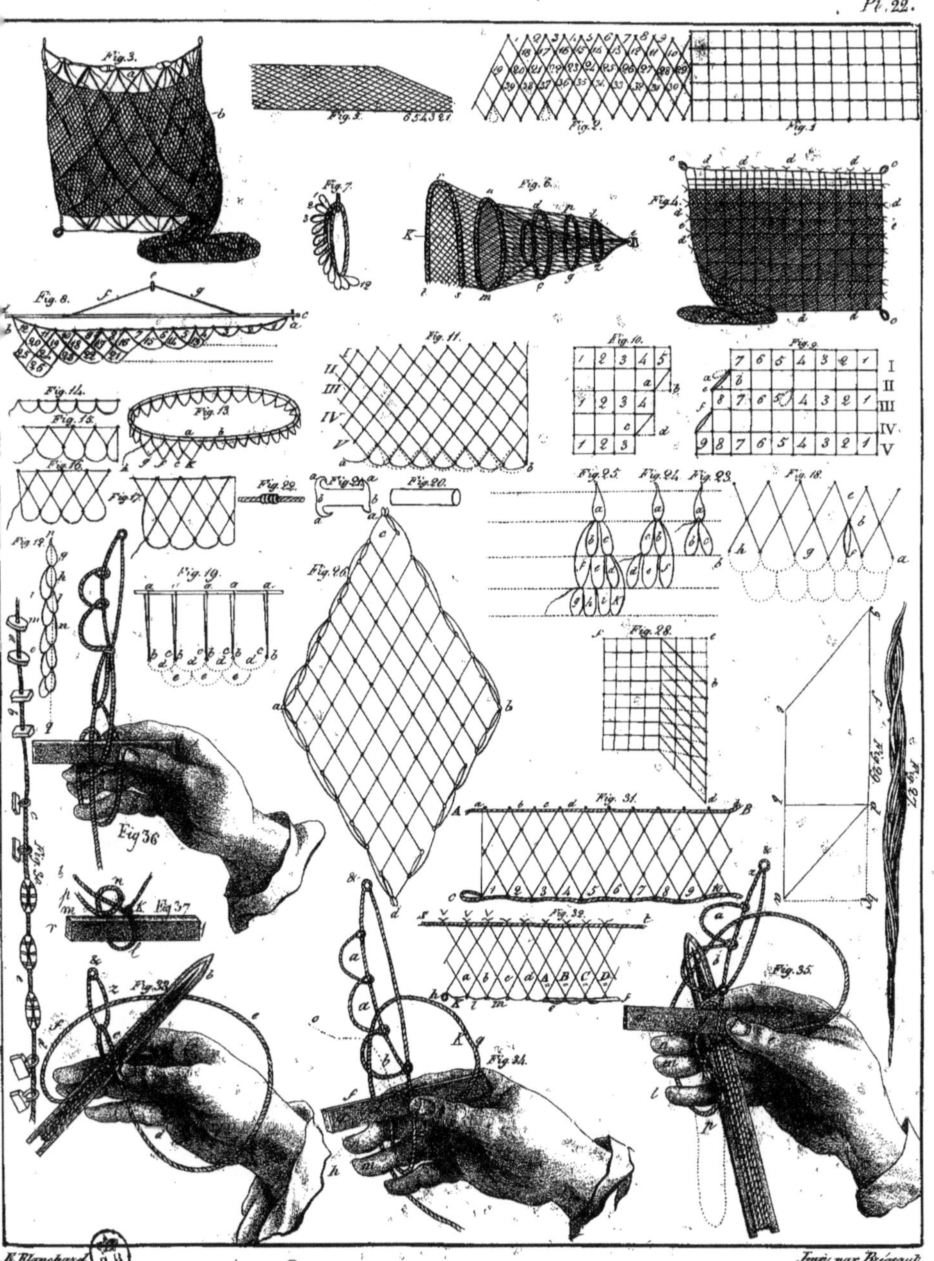

E. Blanchard.

Impr. par Brégeaut

Fabrication des Filets, différentes sortes de mailles, nappe simple, tramail, verveux, accrues: etc.

Pl. 23.

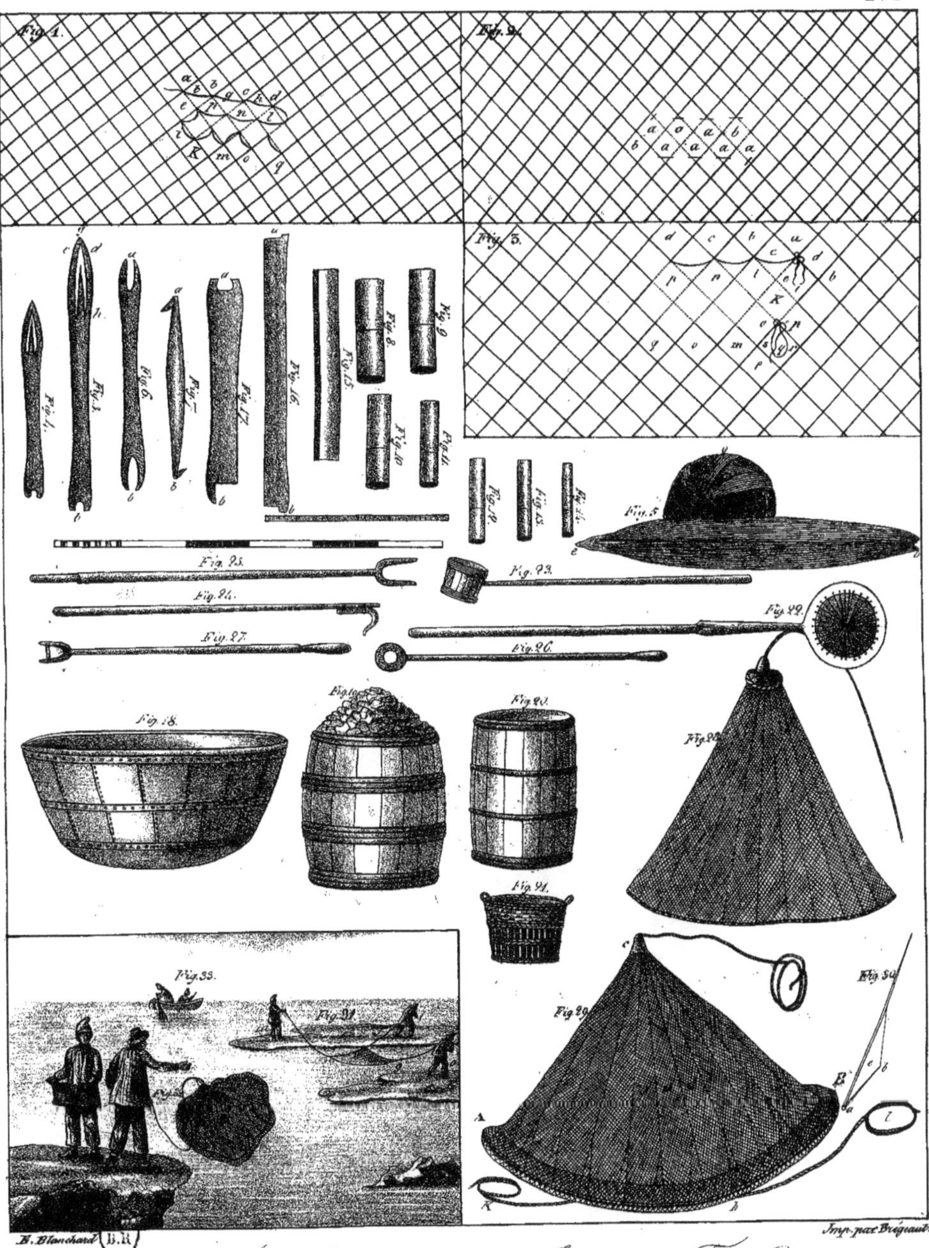

H. Blanchard — Imp. par Bréguant.

Raccommodages de Filets, moules de diverses grandeurs, Tannages des Filets, Éperviers, etc.

Pl.94.

Echiquier ou carreau, calen, lanet, savanelle, bichette, truble, caudrette, bourragues, etc.

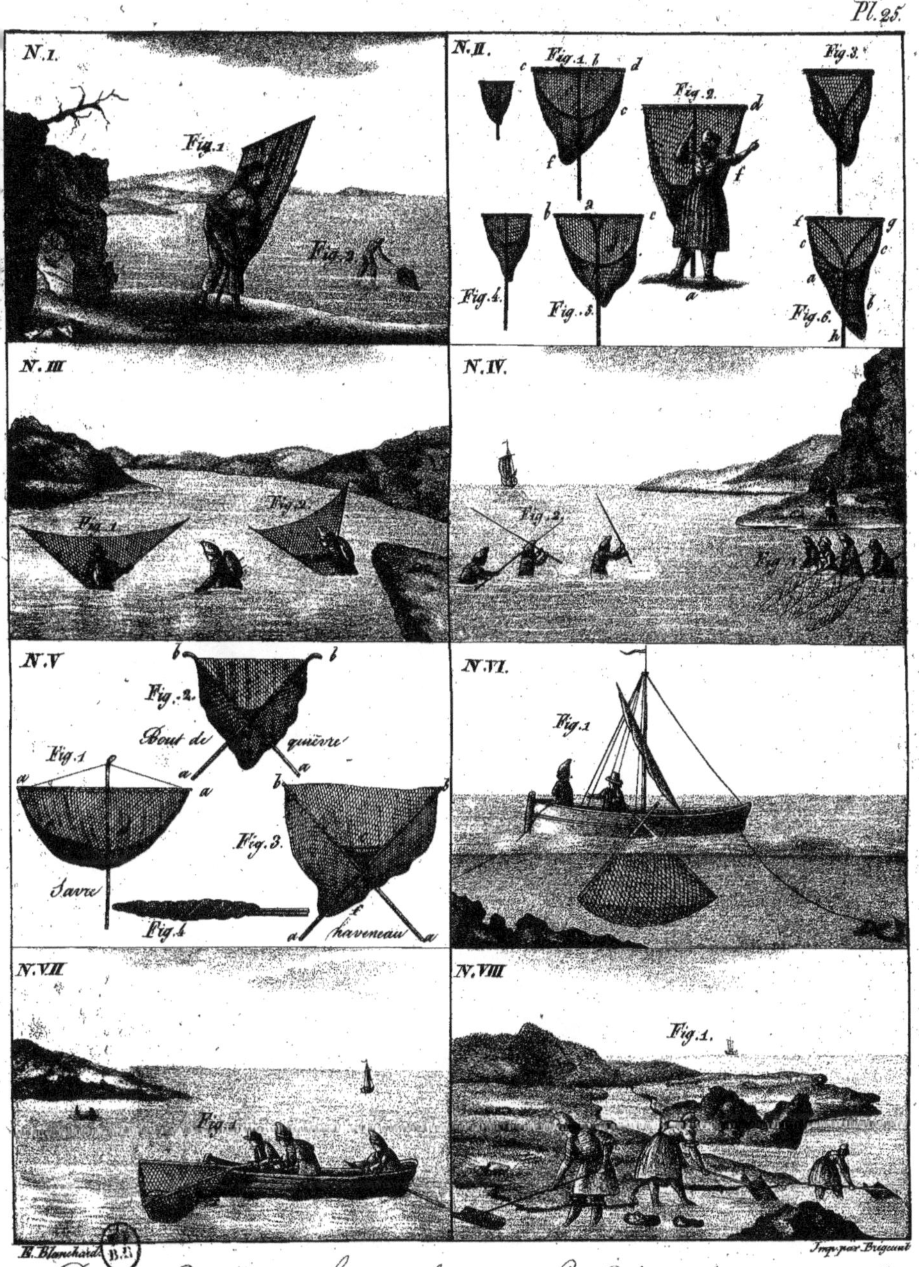

E. Blanchard Imp. par Brigeaut

Bouteux, Pêche au grand haveneau, Bout de Quièvre, Savre, Pêche aux Chevrettes avec le Treuille.

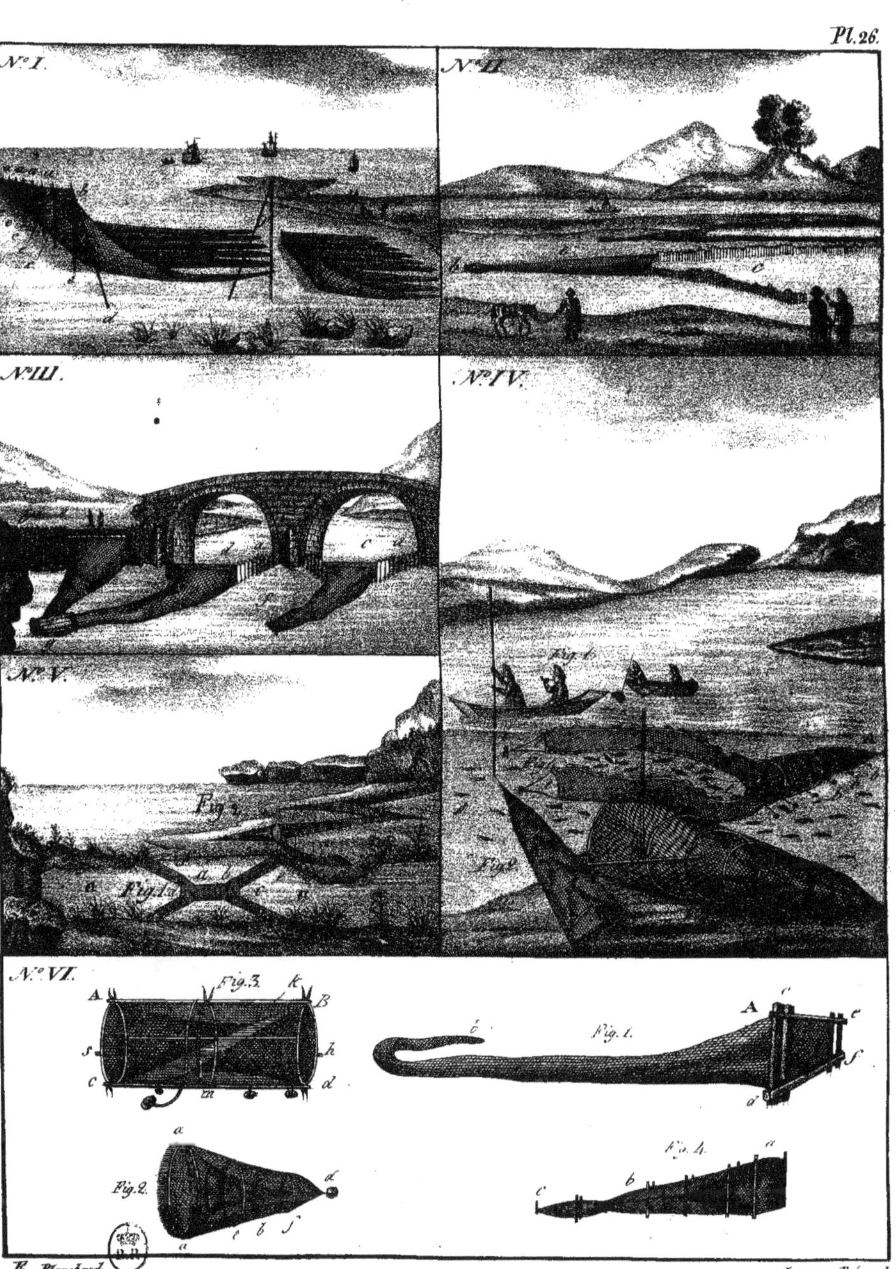

R. Blanchard. Imp. par Bréquet.

Guideaux tendus aux arches d'un pont, Gors, Guideaux en hauts et en bas, Étaliers, Verveux.

Pl. 27

Tente des verveux, nasses, Paniers de Bonde, Canal d'un Etang salé.

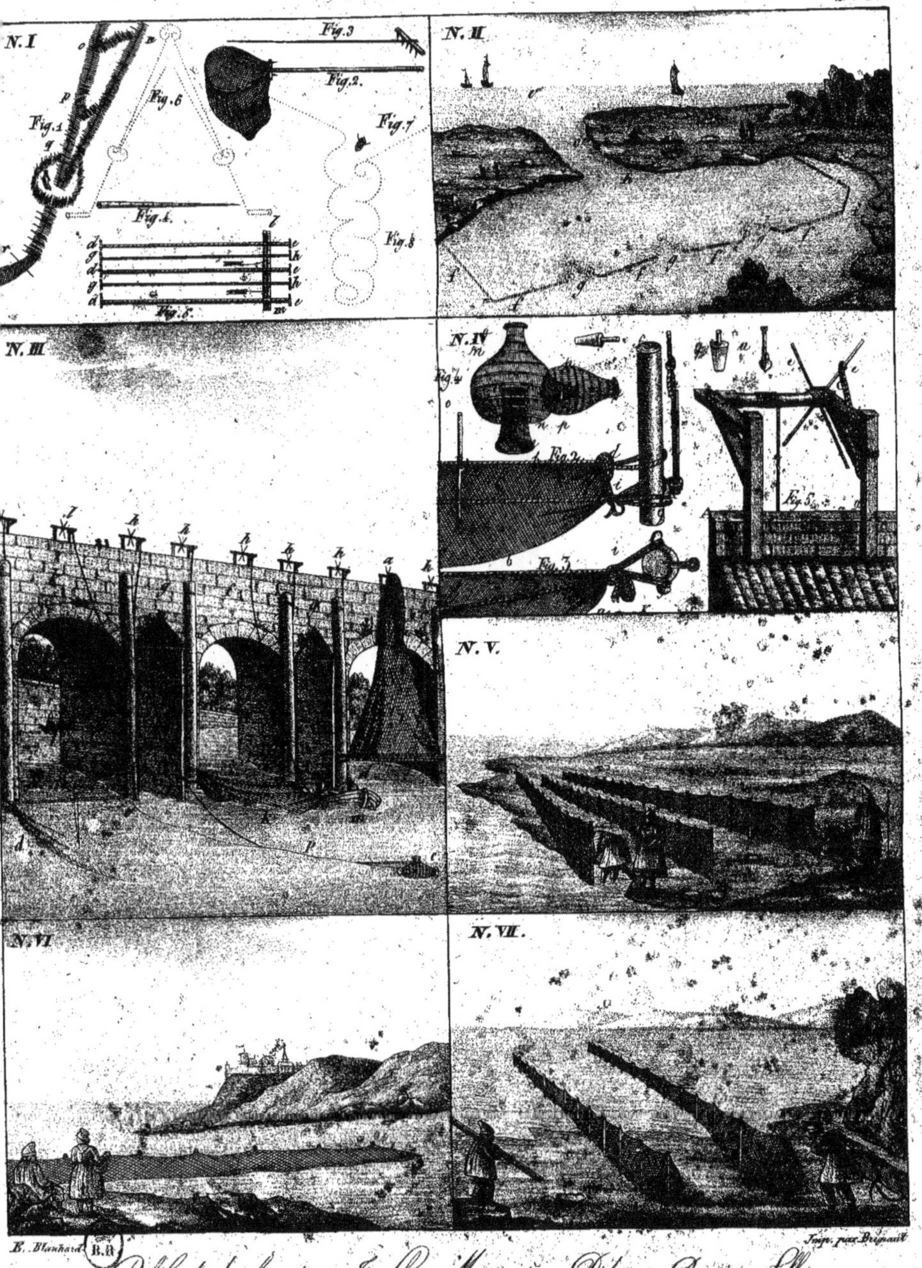

E. Blanchard Imp. par Brignault

Palissades de Courdiques, Truble, Maniguière, Dideaux, Ravoirs, Folles.

E. Blanchard — Imp. par Bégeault.

Huits Palis, Parcs, petits Parcs

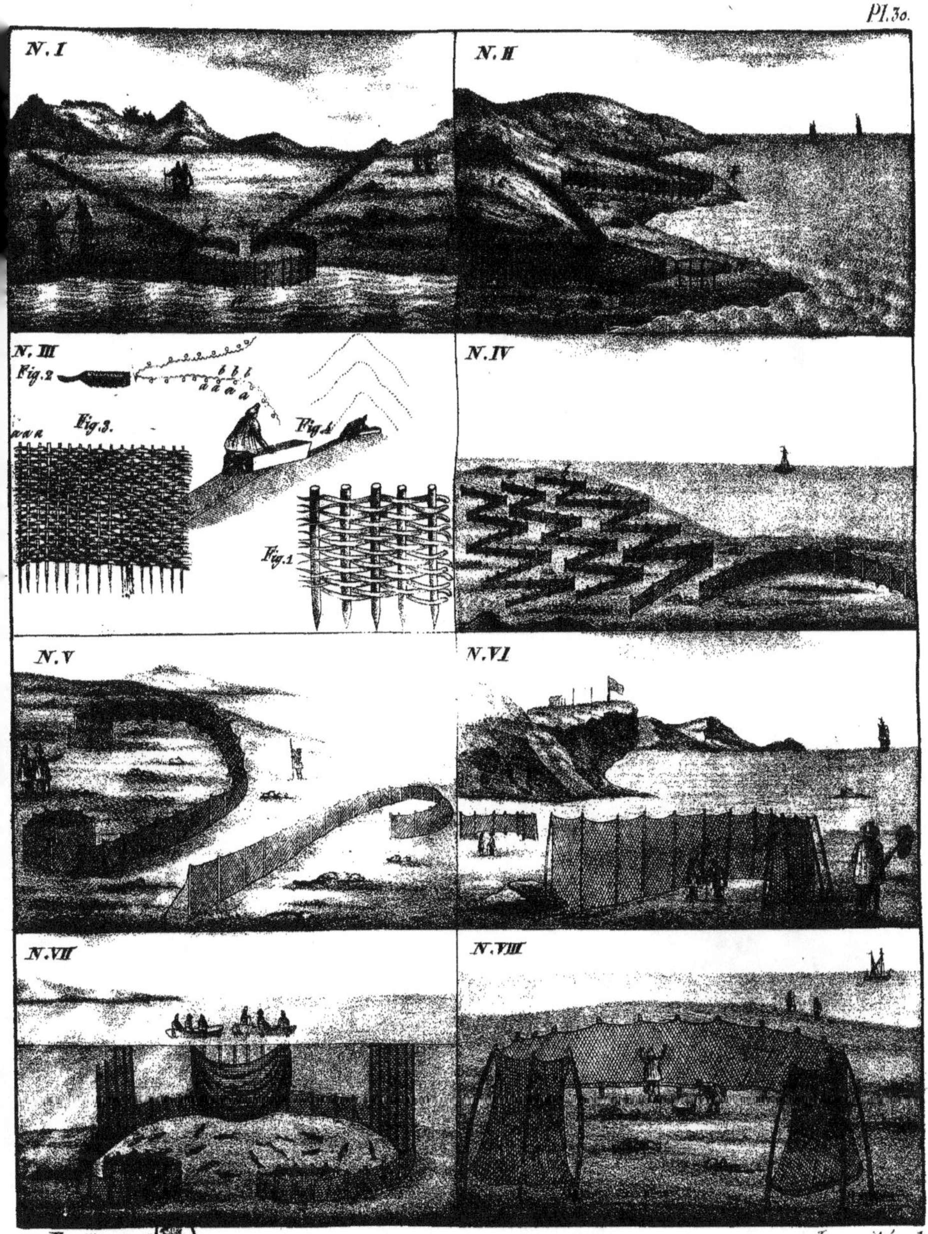

E. Blanchard. Imp. par Brégeaut

Parcs de diverses formes et grandeurs, Clayonnages, etc.

Petits parcs, Parcs fermés.

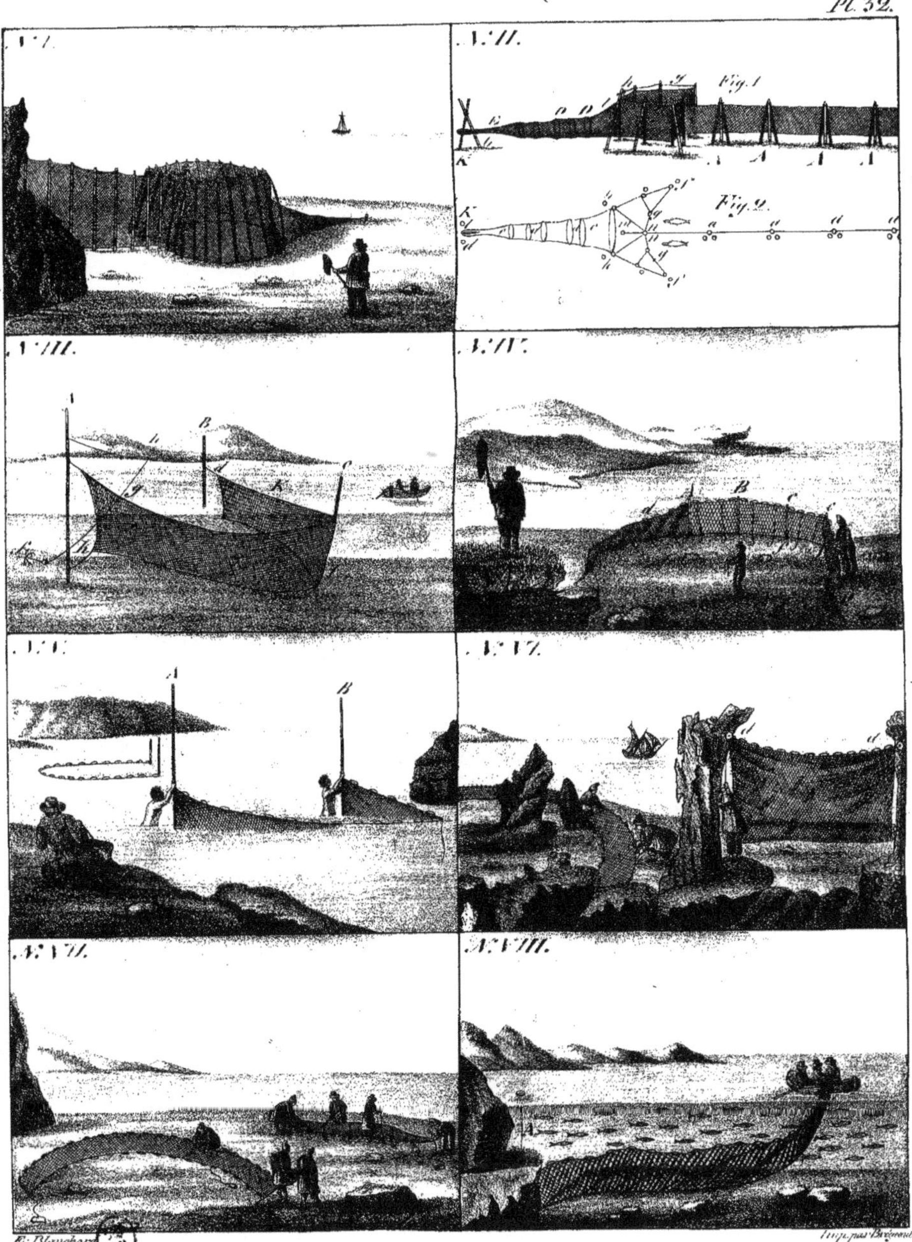

Filets autour d'un rocher, Paradière, Sage, Cratières, Bandingues.

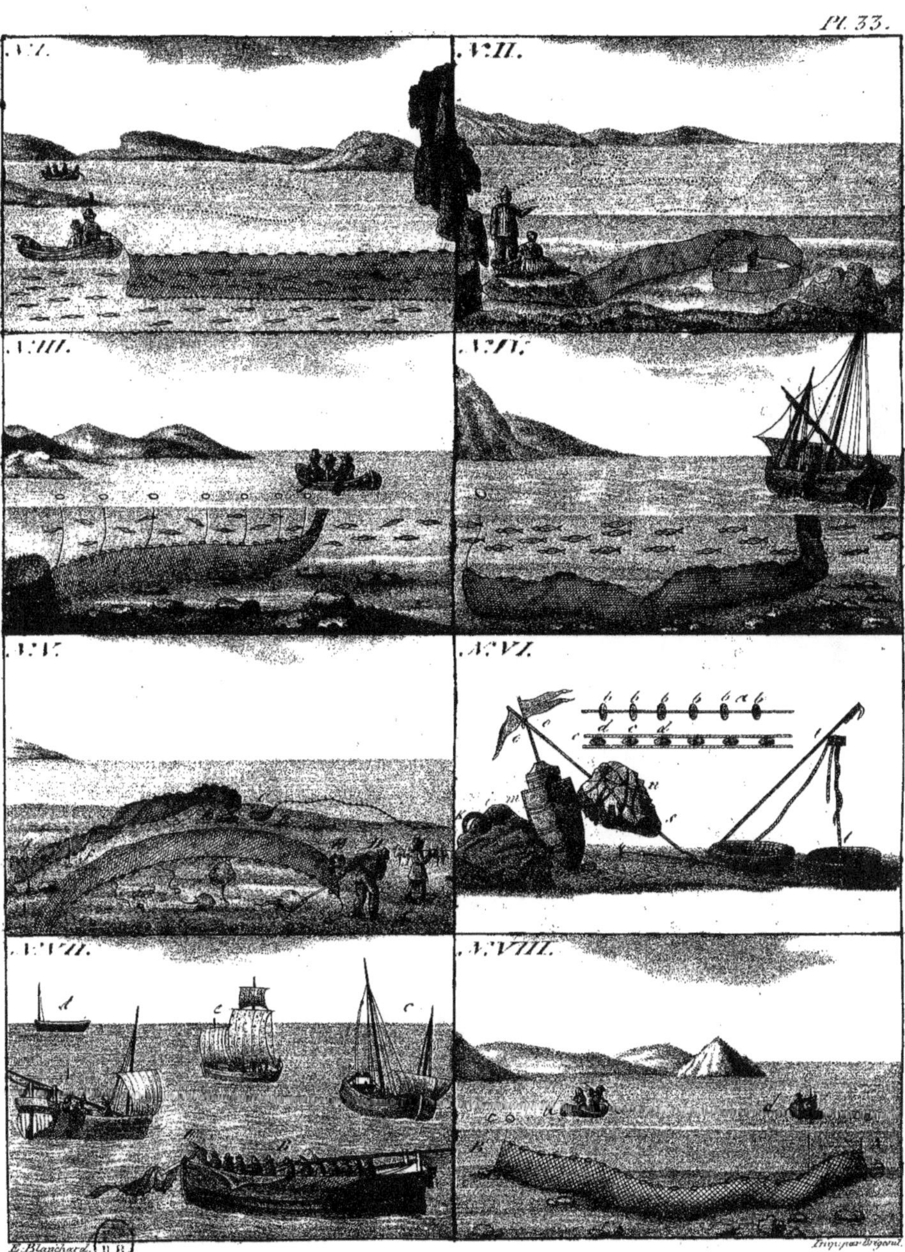

Filet sédentaire, divers instruments, Folles tendues en mer, Pêche aux Folles

N. I.

N. II.

N. III.

N. IV.

N. V.

N. VI.

N. VII.

N. VIII.

E. Bl[illegible] — Imp. par [illegible]

Différentes Pêches aux Tramaux.

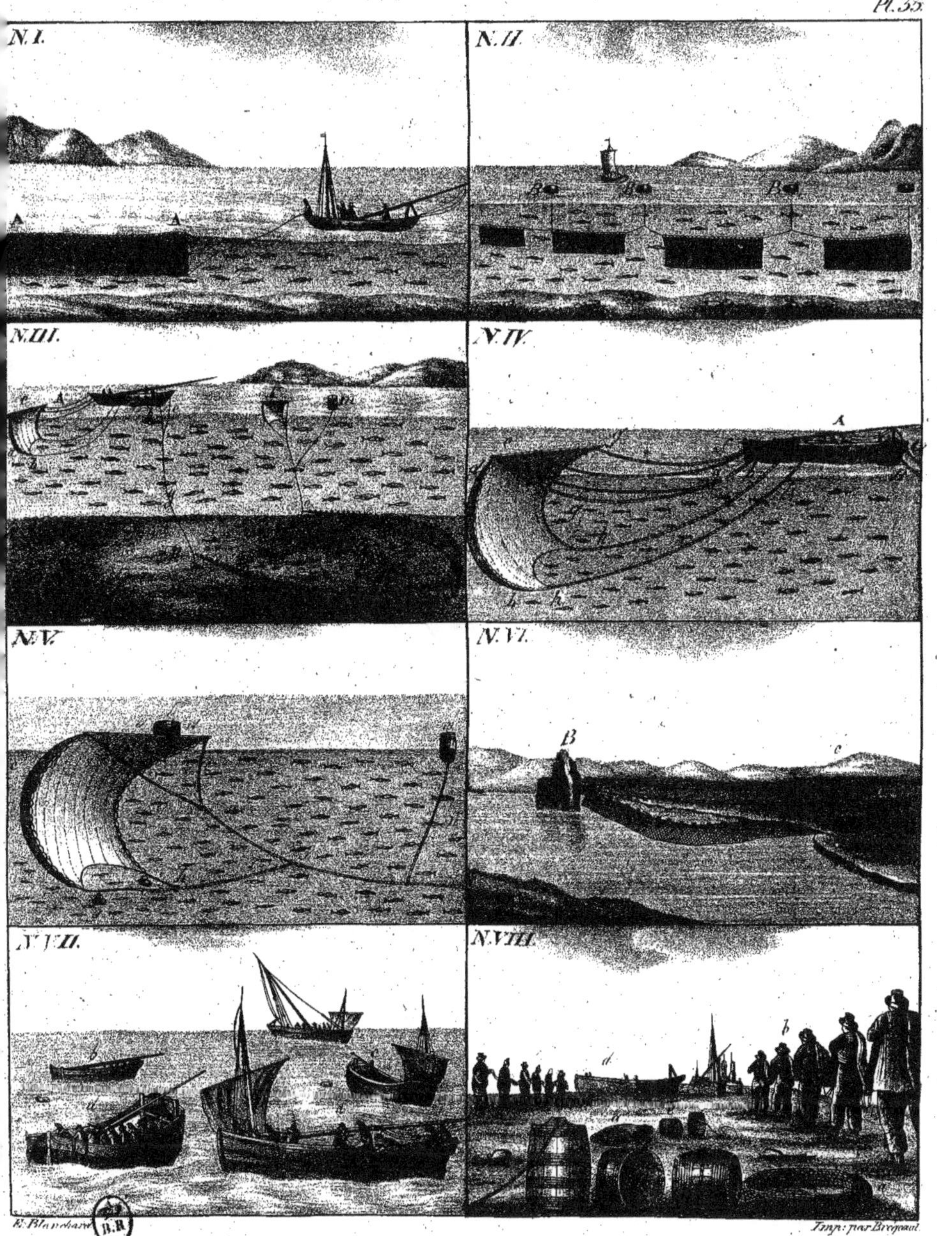

E. Blanchard

Imp: par Bréguet

Nappe de Filet Flamand, Pêche à la drège, Rets traînans, viens-tu, vas-tu

Pl. 36.

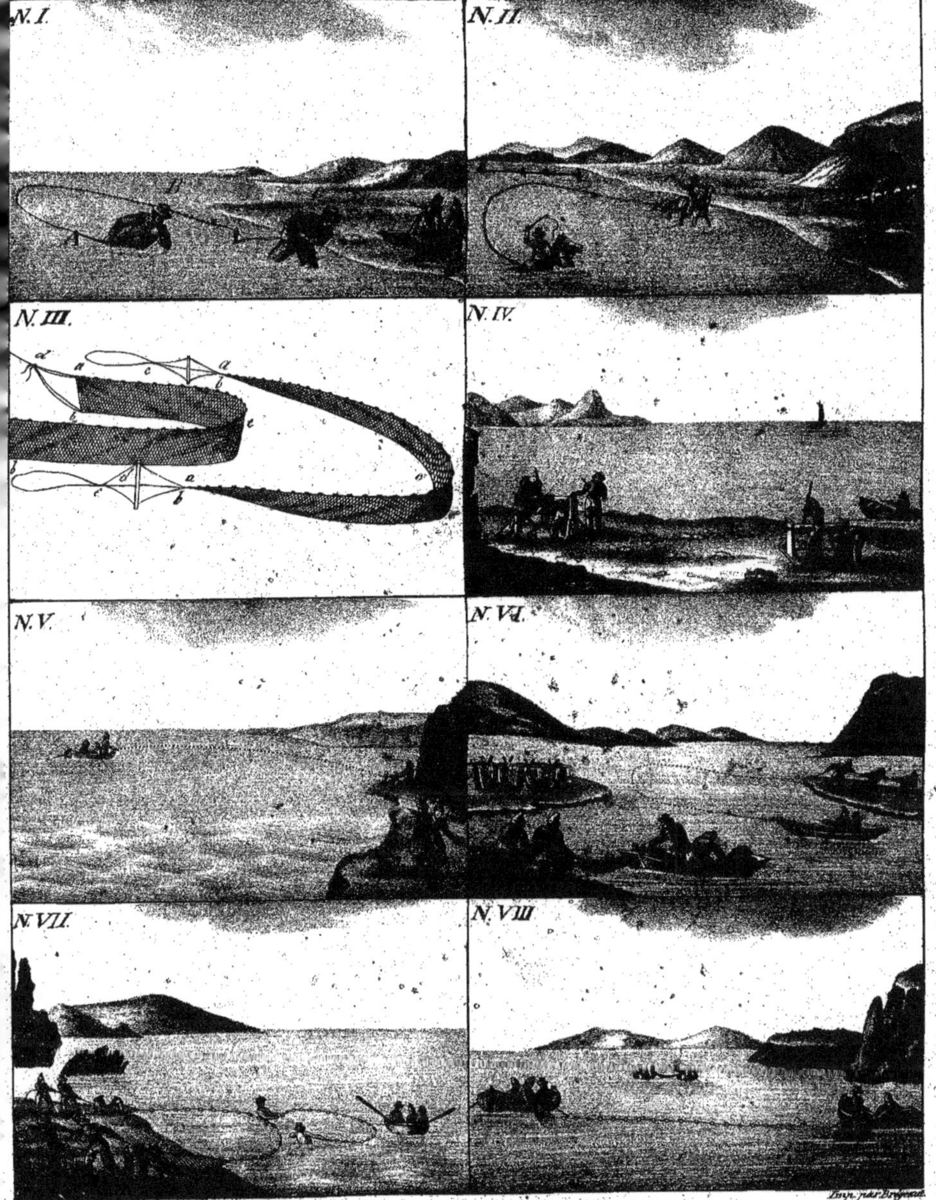

E. Blanchard. Imp. par Brégeaut.

Pêche à la seine.

Pl. 37.

N.° I.

N.° II.

N.° III.

N.° IV.

N.° V.

N.° VI.

N.° VII.

N.° VIII.

E. Blanchard. Imp. par Brégeant.

Pêche à la seine, Aissaugue, Bateau sardinal, Pêche à gangui ou au Bœuf.

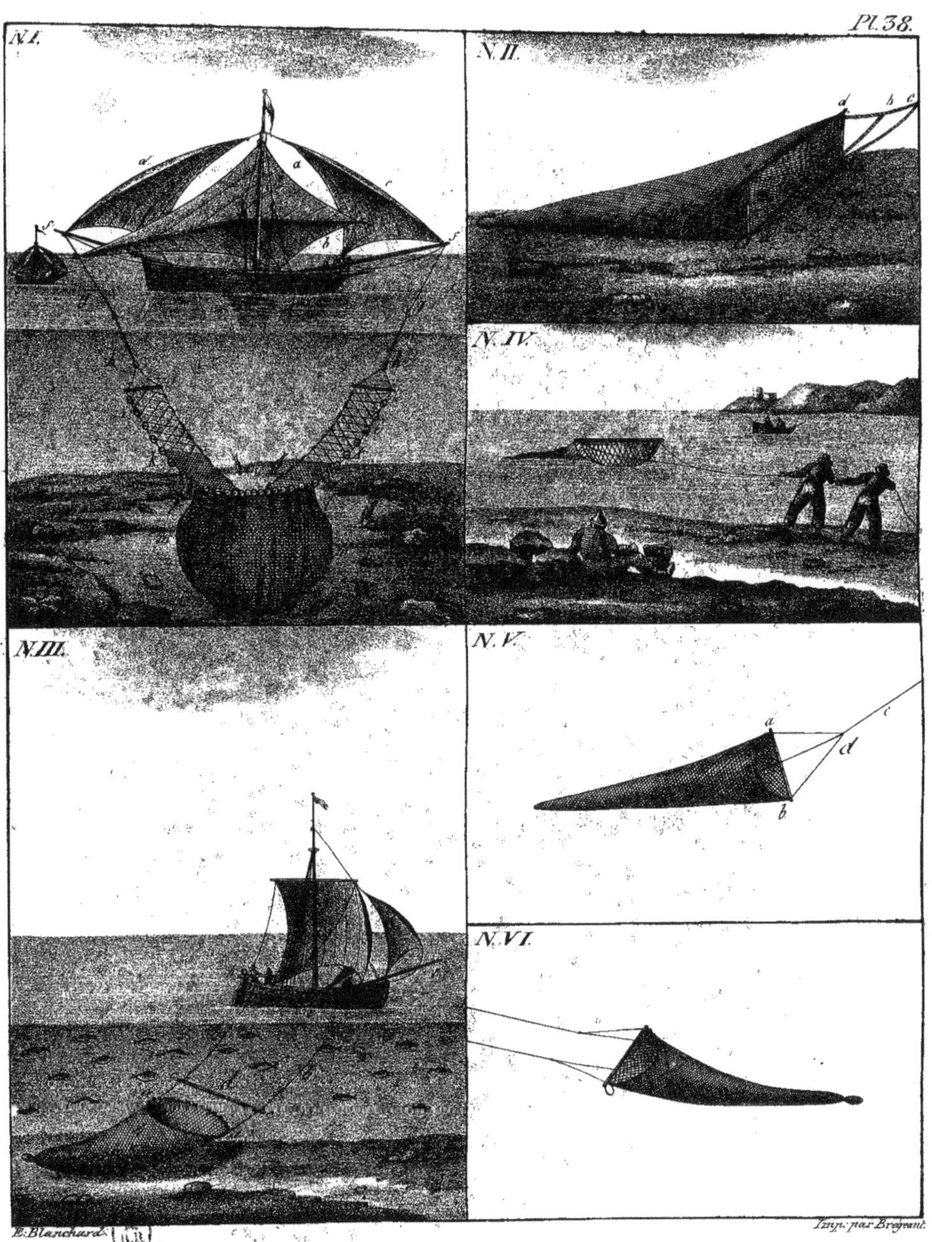

E. Blanchard. Imp. par Bregeaut.

Tartane en Pêche, Drague ou Chausse, Chalut.

R. Blanchard. Imp. par Bregeaut.

Chausse, Chalut, drague anglaise, drague pour les Huitres.

Pl. 40.

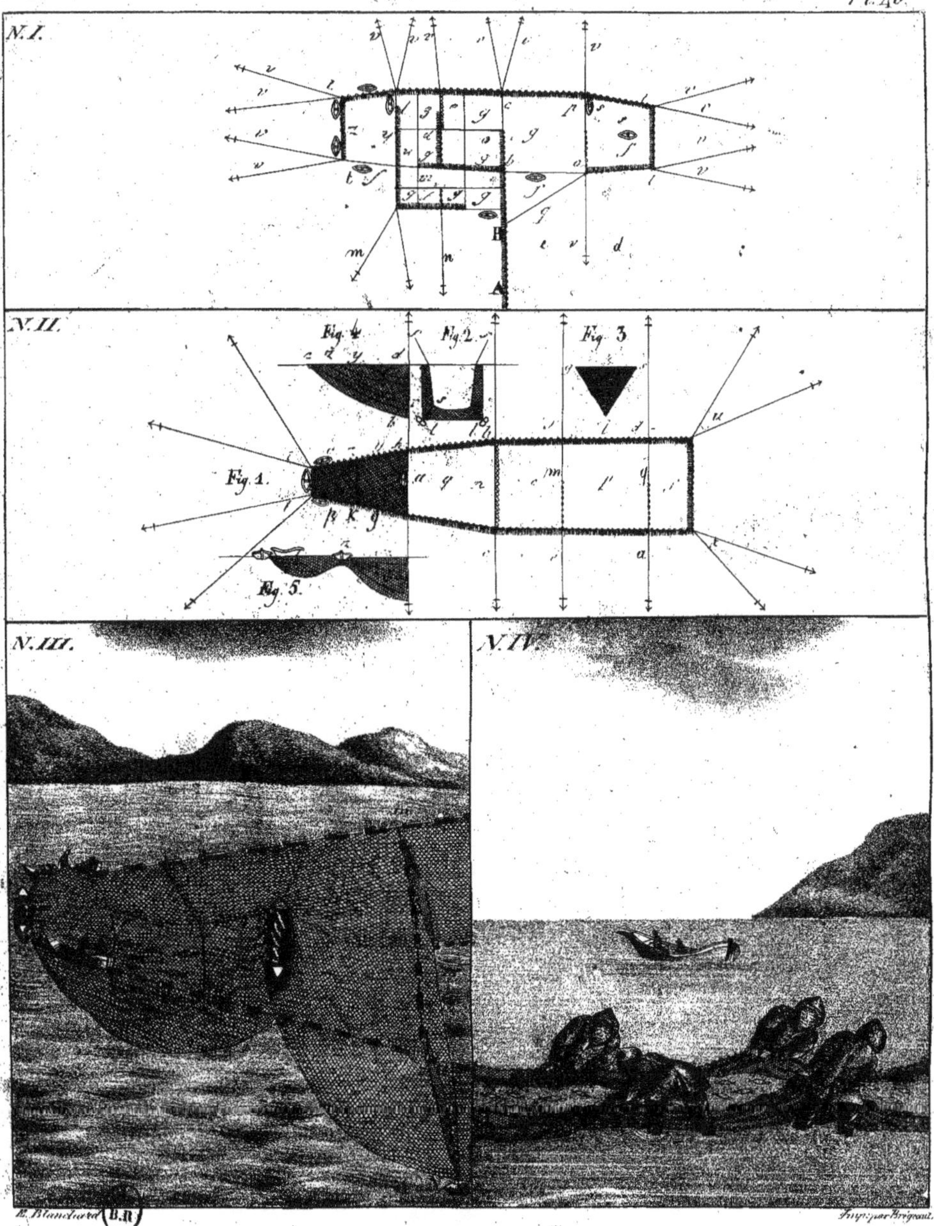

Madrague de Toulon, grande Madrague de Bandol, Filet déployé dans l'eau, Pêche à la seine.

N.° I.

N.° II.

N.° III.

N.° IV.

N.° V.

N.° VI.

N.° VII.

Impr. par Bréguard. B. Blanchard.

Batimens et ustensiles pour la pêche de la Morue.

Bâtimens et ustensiles pour la pêche de la Morue.

Gravé par Brégeaut. E. Blanchard

Préparation de la Morue Verte.

Pl. 14.

Imp. par Brégeaut.

Préparation de la Morue sèche.

DICTIONNAIRE DES PÊCHES.

EXPLICATION DES PLANCHES.

I. *Poissons.*

PLANCHE I.

Haut de la Planche I. Le haut de la planche représente le squelette d'une carpe, et différens organes de ce poisson. Dans le squelette, T et V représentent la mâchoire supérieure et la mâchoire inférieure; X, les opercules des ouïes; I, les apophyses des vertèbres les plus proches de la tête. Au milieu et dans la longueur du squelette, on voit la colonne vertébrale; au-dessous, des arêtes courbes, ou espèces de côtes, qui forment la capacité de l'abdomen; audessus de la nageoire anale, des apophyses sous-épineuses, qui tiennent à la colonne vertébrale; sur cette partie, des apophyses que Duhamel appelle sus-épineuses. A B indiquent les arêtes ou rayons qui appartiennent à la nageoire du dos; L, les mêmes parties de la nageoire anale; au-dessous de X, et audessus de la ligne ponctuée, la nageoire branchiale, c'est-à-dire celle qui est placée sous l'ouverture des ouïes de chaque côté; *f*, la nageoire ventrale; enfin, N N M, la nageoire caudale. V. dans le *Dictionnaire,* au mot *Poisson,* ce que nous disons du *squelette.*

Fig. 1 *et* 3. Elles sont destinées à faire comprendre l'articulation des rayons des nageoires.

Fig. 4. Une petite arête qui tient, en quelque façon, lieu de clavicule.

Fig. 5. Des filets cartilagineux, qui appartiennent aux branchies, et dont les *fig* 11 *et* 12 offrent quelques détails.

Fig. 7. Elle indique à-peu-près les viscères qui sont renfermés dans la poitrine et l'abdomen, savoir: en *l o o*, la capacité de la poitrine, qui est petite dans les poissons; en *c*, le cœur; en *z*, la dilatation de l'artère auprès du cœur, ou le diaphragme; en *h h*, une ligne ponctuée, qui indique le péritoine, renfermant tous les viscères du bas-ventre; en *f f*, le foie; en *c e*, les intestins qui aboutissent à l'anus *i*.

Fig. 9. G, la vessie urinaire; *f*, les uretères; A D, la vessie pneumatique; B, un filet ligamenteux ou vasculeux, qui part de la vessie pneumatique, aboutit quelquefois à l'œsophage, et d'autres fois à l'estomac, car la vessie pneumatique diffère beaucoup par sa forme et sa grandeur, suivant les espèces de poissons; au-dessus et au-dessous de la vessie pneumatique A D, est une portion des reins.

Fig. 10. A, l'estomac; *e*, la vésicule du fiel; *c*, le canal cholédoque; *d*, un canal hépatique coupé.

Bas de la Planche I. Le bas de la planche représente une morue en vie et sortant de l'eau, et des détails anatomiques sur quelques-unes de ses parties intérieures.

Fig. 2. Une morue; X, la bouche; Y, le barbillon du menton; *a b*, la longueur de la tête; *m n o*, les trois nageoires du dos; R S, les deux nageoires de l'anus; *e p o*, la nageoire de la queue; au-dessous de *b*, une nageoire branchiale; V, une nageoire pectorale; Q, l'anus.

Fig. 1. Mâchoire décharnée et ouverte, pour faire voir les dents qui tiennent aux mâchoires et à la langue.

Fig. 2. Elle est destinée à faire voir des osselets, ou cartilages durs, L L K K, qui sont chargés d'aspérités; *h*, l'ouverture du gosier.

Fig. 3. Partie des branchies que les pêcheurs appellent *guignes.*

Fig. 4. Un bout d'intestin, ouvert pour faire voir des glandes qui sont attachées au velouté. Le blanc qui est dans le milieu de la figure représente la valvule intestinale; G, le rectum.

Fig. 5. A A, la vessie pneumatique, qui est accompagnée de muscles, et de deux appendices *c c*, qui l'attachent par en haut.

Fig. 6. Elle est destinée à faire voir une chair glanduleuse *d*, qui est attachée en dedans de la vessie pneumatique.

PLANCHE II.

Fig. 1. La Lamproie, *Petromizon marinus,* Lin.
Fig. 2. La Raie-Bâtis, vue en dessus.
Fig. 3. La Raie-Bâtis, vue en dessous.
Fig. 4. La Raie-Pastenade ou Pastenaque, *Raja pastinaca*, Lin.
Fig. 5. La Raie-Torpille, *Raja torpedo*, Lin.
Fig. 6. La Raie bouclée, *Raja clavata,* Lin.
Fig. 7. Le Requin, *Squalus Carcharias*, Lin.
Fig. 8. La Roussette, *Squalus Catulus* et *Canicula*, Lin.
Fig. 9 *et* 10. Le Rochier ou Chat-Rochier, *Squalus stellaris*, Lin., vu en dessus et en dessous.

PLANCHE III.

Fig. 1 *et* 2. Le Milandre, *Squalus galeus*, Lin., vu en dessus et en dessous.

Fig. 3. Le Marteau, que l'on nomme aussi Poisson juif, et Pantouflier, *Squalus zigœna*, Lin.

Fig. 4. Tête du Marteau.

Fig. 5. L'Aiguillat, et non l'Anguillat, comme le porte la planche, *Squalus acanthius*, Lin.

Fig. 6. L'Ange ou Angelot, *Squalus squatina*, Lin.

Fig. 7. La Baudroie, qu'on appelle aussi Baudreuil, Pescheteau, Diable de mer, Grenouille de mer, Galanga, *Lophius piscatorius*, Lin.

Fig. 8. L'Esturgeon, *Acipenser Sturio*, Lin.

Fig. 9. L'Anguille de mer ou le Congre, poisson du genre Murène, *Murena Conger*, Lin.

Fig. 10. L'Anguille, *Murena Anguilla*, Lin.

Fig. 11. L'Appât de vase ou l'Ammodyte.

Fig. 12. La Donzelle, *Ophidium barbatum*, Lin.

PLANCHE IV.

Fig. 1. L'Espadon, qu'on nomme aussi Épée de mer, et Empereur, *Xiphias gladius*, Lin.

Fig. 2. La Lyre, qu'on appelle aussi Doucet, Souris de mer, Laceret et Lavandière, *Callionymus Lyra*, Lin.

Fig. 3. La Vive, qu'on nomme aussi Dragon de mer, et, quand elle est jeune, Araigne ou Araignée de mer, Aranéole, Saccarelle, Bois de roc, *Trachinus Draco*, Lin.

Fig. 4. La Rascasse blanche, ou Raspecon, Uranoscope-Rat, Bœuf, Tapecon et Prêtre, *Uranoscopus Scaber*, Lin.

Fig. 5. L'Anon, plus connu sous le nom d'Aigreffin ou Eglefin, *Gladus Æglefinus*, Lin.

Fig. 6. La Morue, qu'on nomme aussi Moruel, Molue, Cabiliau et Cabillau, *Gadus Morhua*, Lin.

Fig. 7. Le Tacaud, et non Tacan, que l'on nomme aussi Baraud-Gode, Poule de mer, petite Morue, Mollé et Guiteau, *Gadus barbatus*, Lin.

Fig. 8. Le Lieu, ou Merlu-Verdin, Grelin, Luth, Lévénegate et Colin, *Gadus Pollachius*, Lin.

Fig. 9. Le Merlan, *Gadus Merlangus*, Lin.

Fig. 10. Le Lingue ou la Molve, *Gadus Molva*, Lin.

Fig. 11. Le Merlu, ou Merlus, ou Merluche, ou Merlan de la Méditerranée, ou Merlongue, *Gadus Merlucius*, Lin.

PLANCHE V.

Fig. 1. Le Ruban ou Cépole-Tænia, que l'on connaît aussi sous les noms de Spas, Flamme, Flambeau, Lame, Épée, Cavarigo, Vitta et Bandelette.

Fig. 2. Le Thon, que l'on nomme aussi Ton, Athon et Toun, *Scomber Tennus*, Lin.

Fig. 3. La Bonite, qu'on a nommée aussi Pélamide, *Scomber Pelamis*, Lin.

Fig. 4. Maquereau, connu sur plusieurs côtes méridionales de France, sous les noms d'Auriol, de Verrat et d'Horreau, *Scomber Scomber*, Lin.

Fig. 5. Le Verdier, *Scomber Cloris*, Bloch.

Fig. 6. Le Maquereau bâtard, poisson du genre Caranx, que l'on nomme Caranx-Trachure (V. ces mots dans le *Dictionnaire*), et qui est connu aussi sous les noms de Saurel, Sieurel, Gascon, Gascanet et Chicheron.

Fig. 7. La Rascasse, ou Diable de mer, ou Crapaud de mer, *Scorpena Porcus*, Lin.

Fig. 8. Le Scorpion de mer, ou Caramasson, *Cottus Scorpius*, Lin.

Fig. 9. Le Chabot, ou Ane, ou Tête-d'âne, ou Meunier, ou Têtard, *Cottus Gobio*, Lin.

Fig. 10. Crabe de Biarrits, qu'on appelle aussi Scorpène-Truie, Scorpi, Scorpoue, Rascasse rouge, *Scorpæna Scrofa*, Lin.

PLANCHE VI.

Fig. 1. Le Perlon, qui est connu aussi sous les noms de Trigle-Hirondelle, Cabote, Galline, Gallinette, Linette et Grondin, *Trigla Hirundo*, Lin.

Fig. 2. Le Grondin, Rouget-Grondin, Rouget, Morade, Perlon, Galline ou Rondela, *Triglus gruniens*, Lin.

Fig. 3. Le Rouget-Grumelet.

Fig. 4. Le Malarmat, *Trigla Cataphracta*, Lin.

Fig. 5. La Dorade, Daurade, Sauquesme ou Saucanelle, *Sparus aurata*, Lin.

Fig. 6. La Girelle ou Dovella, *Labrus Julis*, Lin.

Fig. 7. La Brême de mer, ou Carpe de mer, *Sparus Brama*, Lin.

Fig. 8. La Castagnole, *Sparus raii*, Lin.

Fig. 9. La Perche goujonnière, que l'on appelle aussi petite Perche, Perche dorée, Perche gardonnée, Gremille et Gremillet, *Perca Cornua*, Lin.

Fig. 10. Le Bar, que l'on connaît aussi sous les noms de Loup, Loubine, Dreligny, Brigne, Loupasson et Lubin, *Perca punctata*, Lin.

PLANCHE VII.

Fig. 1. La Perche de rivière, *Perca fluviatilis*, Lin.

Fig. 2. La Limande, *Pleuronectes Limanda*, Lin.

Fig. 3. La Limandelle, poisson du genre Pleuronecte.

Fig. 4. La Sole ou Perdrix de mer, *Pleuronectes Sola*, Lin.

Fig. 5. La Plie ou grosse Plie, *Pleuronectes Platessa*, Lin.

Fig. 6. La petite Plie, qui ne paraît être qu'une jeune Plie.

Fig. 7. Le Carrelet, qu'on nomme aussi Barbue et Rhomboïde, *Pleuronectes Rhombus*, Lin.

Fig. 8. Le Turbot, qui est connu aussi sous les noms de Faisan de mer, Faisan d'eau, Cailleteau et Bretonneau, *Pleuronectes Turbot*, Lin.

Fig. 9. La Loche, franche Barbotte, petit Barbot, Motelle, Barbotte ou Cobite, *Cobitis Barbatula*, Lin.

PLANCHE VIII.

Fig. 1. Le Glanis, qu'on nomme, aux environs de Strasbourg, la Lotte de Hongrie, *Silurus Glanis*, Lin.

Fig. 2. Le Saumon, *Salmo Salar*, Lin.

Fig. 3. L'Ombre ou Omble-Chevalier, *Salmo Umbla*, Lin.

Fig. 4. La Truite, *Salmo Truita*, Lin.

Fig. 5. L'Éperlan, *Osmerus Eperlanus*, Lin.
Fig. 6. Le Brochet, *Esox Lucius*, Lin.
Fig. 7. Le Mulet de mer, Mugil, Mulet, Muge-Céphale, Cabot, Meuillé, Mule, Mugeo ou Muzon, *Mugil Cephalus*, Lin.
Fig. 8. Le Hareng, *Clupea Harengus*, Lin. Le hareng représenté par cette figure est le hareng plein, c'est-à-dire celui qui n'a pas encore perdu sa laite ou ses œufs.
Fig. 9. La Sardine, que dans quelques endroits on nomme Cradeau, Haranguet ou Rayan, *Clupea Spratus*, Lin.
Fig. 10. Le Hareng gai, ou vide, c'est-à-dire celui qui a frayé, et qui n'a plus ni laite ni œufs.
Fig. 11. L'Alose, que, dans quelques provinces du midi, on nomme Coulac, Cola, Alouze, Loche d'étang, et Halachia, *Clupea Alosa*, Lin.
Fig. 12. La Feinte, et non la Fiente, comme le porte la planche; que l'on nomme Pucelle à Paris, et dont on distingue le mâle sous le nom de Cahuhot ou Colluau, ou de Laiteau; et la femelle, sous celui de Couvert ou de Couvreau, *Clupea fallax*, Lin.

PLANCHE IX.

Fig. 1. L'Anchois, *Clupea incrassicolus*, Lin.
Fig. 2. La Carpe, *Cyprinus Carpio*, Lin.
Fig. 3. Le Barbeau, qu'on appelle aussi Barbot, Barbet et Barbillieau, et, lorsqu'il est jeune, Barbillon, *Cyprinus Barbus*, Lin.
Fig. 4. Le Goujon, que dans quelques parties de la France on nomme Goiffon, Gonion, Goisnon et Vairon, *Cyprinus Gobio*, Lin.
Fig. 5. Le Gardon, *Cyprinus Rutilus*, Lin.
Fig. 6. La Tanche, *Cyprinus Tinca*, Lin.
Fig. 7. La Vandoise, ou Dard, que l'on nomme Sophie en Languedoc, et Suiffe à Lyon, *Cyprinus leucicus*, Lin.
Fig. 8. La Chevanne, que l'on nomme aussi Meunier, Chevance, Chevisne, Vilain, Testard, Barboteau, Garbotin, Garboteau et Chaboisseau, *Cyprinus Jeses*.
Fig. 9. Le Veron ou Vairon, *Pisciculus varius*, Rond.
Fig. 10. La Bouvière ou Péteuse, *Cyprinus amarus*, Lin.
Fig. 11. La Brême, *Cyprinus Brama*, Lin.
Fig. 12. L'Able, Ablette, Ovelle ou Borde, *Cyprinus alburnus*, Lin.
Fig. 13. L'Épinoche, que l'on nomme aussi Épinocle, Écharde, Épinarde ou Savetier, *Gasterostus aculeatus*, Lin.

II. *Cétacés.*

PLANCHE X.

Fig. 1. Le Cachalot ou grand Cachalot, *Physeter Macrocephalus*, Lin.
Fig. 2. Le Physale ou Gibbar, *Balœna Physalus*, Lin.
Fig. 3. La Baleine franche, ou Baleine du Groënland, ou Baleine ordinaire, *Balœna mysticetus*, Lin.
Fig. 4. Le Dauphin ordinaire, *Delphinus Delphis*, Lin.
Fig. 5. Le Marsouin ou Tounin, *Delphinus Phocæna*, Lin.

III. *De la Pêche aux Hameçons.*

PLANCHE XI.

*N^os^*. 00000 à 16. Assortiment complet d'hameçons simples pour différentes pêches de poissons de rivières. Le plus faible a le numéro 16, et le plus fort est désigné par cinq zéros.
Fig. 1 *et* 2. Hameçons doubles.
Fig. 3, 5 *et* 6. Hameçons empilés.
Fig. 4. Manche auquel est ajusté un brin de baleine.
Fig. 7. Plomb pour une ligne de fond, ou jeu.
Fig. 8. Une sonde pour mesurer la profondeur de l'eau. On l'accroche à un hameçon.
Fig. 9. Une flotte pour soutenir la ligne sur la surface de l'eau, ou maintenir l'hameçon à une distance convenable du fond.
Fig. 10. Bouchon qui a la même destination que la flotte.
Fig. 11 *et* 12. Autres bouchons.
Fig. 13. Un plomb.
Fig. 14 *et* 15. Mérillons qui font l'effet d'un tourniquet et que l'on met aux lignes dormantes à pêcher les anguilles.
Fig. 16. Canne pour la pêche des petits poissons.
Fig. 17. Canne pour la pêche du saumon.
Fig. 18. Une épuisette ou petite truble.
Fig. 19. Anneau à décrocher les lignes.
Fig. 20 Un plioir.
Fig. 21, 22 *et* 23. Gros hameçons avec leurs empiles pour pêcher la morue.
Fig. 24. Portion de bauffe ou de corde garnie d'un caillou qui la fait caler pour la pêche des grosses raies.
Fig. 25. Haim à deux crocs avec un empilage de cuivre et un leurre, pour la pêche du thon, lorsqu'on le rencontre dans la traversée en allant à Terre-Neuve.
Fig. 26. C'est un morceau de liége qui, avec les plumes *e e* de la *fig.* 25, se met entre les branches du haim, et sert de leurre. On met quelquefois, au lieu de plumes, un morceau de toile blanche, sur laquelle on fait une raie bleue ou noire.

PLANCHE XII.

Fig. 1. Une bauffe pour la pêche des raies et d'autres gros poissons.
Fig. 2 *et* 3. Haims qui sont employés à la pêche de la morue au Petit-Nord. Le haim *fig.* 2 est empilé à l'anglaise, et celui *fig.* 3 à la française.

Fig. 4. Grand nœud pour attacher les cailloux à la maîtresse corde.

Fig. 5. On se sert quelquefois de petits haims semblables à celui représenté par cette figure, quand les morues sont rares et fort enfoncées dans l'eau.

Fig. 6. Appelet chargé de cailloux. Son usage est de prendre des soles, des limandes, etc.

Fig. 7. Un haim avec un empilage de laiton, tel qu'on en embarque pour prendre des bonites dans la traversée de l'Amérique.

Fig. 8. Une portion d'appelet dont les empiles sont garnies de corcerons de liége. On s'en sert dans les terrains vaseux, pour prendre des merlans, des limandes, des vives, etc.

Fig. 9. Elle représente en petit la disposition d'un appelet pour pêcher à la balle.

Fig. 10. Elle représente le vrai libouret, qui sert, comme la balle, à prendre des maquereaux, des merlans, etc.

Fig. 11. La disposition en petit de ce qu'on appelle le grand-couple, où les lignes sont attachées aux extrémités d'un fil de fer courbe.

PLANCHE XIII.

Fig. 1 *et* 2. Ce sont des haims avec des empilages de crin pour prendre des anguilles.

Fig. 3. Un haim empilé avec une espèce d'écheveau de fil, et qui sert à prendre des raies.

Fig. 4. Une portion d'appelet semblable à celui de la Pl. XII, *fig.* 8, si ce n'est qu'il n'a point de corcerons de liége.

Fig. 5. Les navigateurs qui font de grandes traversées prennent des pilotins et d'autres poissons avec des haims semblables à ceux représentés par les *fig.* 2 et 5.

Fig. 6 *et* 7. Ce sont des haims qui servent à prendre des bonites et des tassards.

Fig. 8. C'est un haim avec sa ligne, au bout de laquelle est un caillou : on s'en sert sur les grèves, pour faire la pêche qu'on appelle *petite cablière*.

Fig. 9 *et* 12. Ce sont de gros haims qui servent pour la pêche de la morue.

Fig. 10 *et* 11. Leurres de plomb, qu'on attache aux haims des *fig.* 9 et 12, et qui servent d'appâts pour la même pêche.

Fig. 13. Un petit métier nommé *carré*, qui sert à tresser des lignes fines ou piles, pour empiler les petits haims.

PLANCHE XIV.

Fig. 1 à 20. Ce sont des instrumens qui servent à la fabrication et à l'étamage des haims.

Fig. 22, 23 *et* 24. Ce sont des pièces de cordes ou appelets de différentes grosseurs, garnies de lignes, empiles, haims, cailloux et corcerons de liége.

Fig. 25. Une ancre.

Fig. 26. Des cailloux pour attacher aux cordes.

Fig. 27. Des bouées de liége faites en barriques, avec leur corde.

Fig. 28. Une cablière et un plomb de sonde.

Fig. 29. Les lettres A B C D E représentent différens crocs et harpons pour prendre les poissons.

Fig. 30. Une catenière que l'on traîne pour trouver au fond de l'eau un appelet qui y est resté.

Fig. 31. Une serpe pour couper les branches des arbres, le long des rivières et des étangs.

Fig. 32. Un grapin pour le même usage.

Fig. 33. Une flotte de liége.

Fig. 34. Une corbeille pour porter les appelets à la mer.

Fig. 35. Un croissant qui sert à couper les longues herbes qui peuvent gêner pour la pêche.

Fig. 36. Des appelets qu'on a mis à sécher ; d'autres, *f*, qui sont roulés, et d'autres lovés dans une corbeille G.

Fig. 37. Des détails relatifs à la pêche à la canne.

Fig. 38. On voit un pêcheur à la canne ; un autre pêcheur qui a tendu au bord de l'eau un nombre de cannes, et va examiner s'il y a quelque chose de pris.

Fig. 39. Cette figure représente des pêcheurs à la perche, entre des rochers au bord de la mer.

PLANCHE XV.

Les N^os. I, II et III représentent des appâts artificiels.

N°. I. Les lettres *a a a* représentent des araignées et des chenilles traversées par un haim ; la lettre B est un petit paon pour la pêche du saumon ; la lettre C, une demoiselle pour la truite ; la lettre D, N^os. I, II et III, représente des fourmies ailées, également pour les truites ; la lettre E, un petit paon pour la truite saumonée.

N°. II. Les lettres *a a a a a a* représentent, comme dans le N°. I, des araignées et des chenilles artificielles ; les lettres *d d*, des fourmies ailées ; les lettres *f f f f f f*, des mouches pour les carpes.

N°. III. La lettre *a* est encore une araignée factice ; les lettres D D représentent des fourmies ailées ; le n°. 1 est un petit paon ; le n°. 2, une chenille ; le n°. 3, un papillon jaspé ; le n°. 4, une papette ; le n°. 5, une nymphe ; le n°. 6, un bibet ; le n°. 7, une araignée ; le n°. 8, le papillon des genêts ; le n°. 9, une chenille ; le n°. 10, le charançon ; le n°. 11, la sauterelle ; le n°. 12, la manche.

Tous ces insectes s'emploient à la pêche des poissons planes.

N°. IV. Les *fig.* 1 et 2 représentent la manière d'ajuster et d'assujettir avec un cordonnet de soie plusieurs brins les uns au bout des autres, pour former une perche à pêcher ; la *fig.* 3, un nœud ; la *fig.* 4, une poulie pour faire des lignes ; la *fig.* 5, un haim double, entre les deux crochets duquel est un fil de laiton, qui porte un petit morceau de plomb de forme ovale ; les *fig.* 6, 7, 8 et 9, des fourreaux d'insectes aquatiques, qui deviennent ailés, et que Réaumur nomme *teignes* ; la *fig.* 10, plusieurs lignes ou piles attachées avec leurs hameçons autour d'un cerceau ; la *fig.* 11, une ligne sédentaire, avec un plomb et une flotte de liége au bout opposé au plomb ; la *fig.* 12, des lignes avec leurs hameçons attachés au bord d'un panier ; la *fig.* 13, une croix de fer ou de cuivre, et à laquelle sont attachées des piles garnies de haims ; la *fig.* 14, une ligne, qu'on nomme *potera*, et au bout de laquelle est enfilé un poisson ou un leurre d'étain ; la *fig.* 15, une corde dormante et sédentaire, garnie de lignes latérales ; la *fig.* 16, une ligne dormante, au bout de laquelle est un morceau de plomb ; la *fig.* 17, une pêche à l'archet ; et la *fig.* 18, une quille de bois, destinée à flotter sur l'eau, dans laquelle elle entraîne plus ou moins la ligne.

N°. V. Une vignette représentant des pêcheurs qui tendent, à la basse mer, sur le sable, de petites câblières et des bauffes chargées de haims.

N°. VI. Une vignette qui représente la pêche à la ligne; l'un des pêcheurs glisse une truble sous le poisson, qu'il soulève hors de l'eau, afin qu'il ne ronge point sa ligne.

PLANCHE XVI.

N°. I. Une vignette qui représente des pêcheurs occupés à tendre, sur des piquets ou palots, des cordes garnies de haims. Des pêcheurs transportent, à dos de cheval ou sur leur dos, de longues cordes avec des piquets.

N°. II. Les *fig.* 1 *et* 2 représentent des piquets; la *fig.* 3, des cordes; la *fig.* 4, un maillet; la *fig.* 5, une masse; la *fig.* 6, un barreau de fer pointu, pour faire des trous lorsque le fond est dur; la *fig.* 7, des chevilles.

N°. III. La vignette représente une coupe de la mer, pour faire voir comment les haims se distribuent dans l'eau, lorsqu'on pêche avec une corde flottante, qu'on nomme *la bellée*.

N°. IV. On voit des pêcheurs qui mettent à l'eau leurs appelets, cordes ou palangres.

N°. V. Les pêcheurs retirent leurs appelets de la mer, et ils les arrangent dans des paniers.

N°. VI. Pêcheurs qui mettent à l'eau une corde chargée de cailloux, pour pêcher *par fond*.

N°. VII. Une coupe de la mer, où des morues se prennent aux appâts qu'on leur présente.

N°. VIII. Autre coupe de la mer, dans laquelle on voit une corde ou bauffe établie sur le fond, où se prennent des poissons.

PLANCHE XVII (N°s. I et II).

N°. I. Des pêcheurs qui traînent la balle ou qui pêchent avec la balle.

N°. II. Une pêche au grand-couple. On voit dans l'eau comment les appelets s'y distribuent.

IV. *De la Pêche aux Râteaux, aux Herses, aux Digons, aux Harpons, à la Fouane, &c.*

PLANCHE XVII (N°s. III à VII).

N°. III. Vignette qui représente des hommes qui fouillent avec des pics et des pioches un fond dur, pour en tirer des vers marins.

N°. IV. Divers instrumens à l'usage des pêcheurs verrotiers, des pêcheurs de coquillages, des pêcheurs aux fouanes, aux digons, etc. Ce sont : *a*, un couteau ; *b*, une faucille ; *c*, un crochet ; *d*, croc double ; *e*, un petit râteau ; *f*, un grand râteau à dents de fer ; *v*, un pic ; *h*, *i*, des herses ; *k*, un râteau à grandes dents, garni d'un sac de filet ; *l*, *l*, *etc.*, des pelles, palots, bêches, louchets ; *m m m*, fouanes semblables à des râteaux ; *n*, gamelle dans laquelle les pêcheurs verrotiers mettent leurs vers ; *o*, panier à mettre des coquillages ; *p*, autre panier ; *q*, un croc ; *r*, un digon simple ; *s*, un digon en fer de lance ; *t t*, *etc.*, fouane, fougue, harpon, fourche, trident, ou fichoire, à deux, trois et quatre branches ; *v*, un panier couvert, ou clisse, pour mettre le poisson ; *x*, une cuiller de bois à l'usage des verrotiers ; *y*, une sorte de drague pour pêcher des coquillages.

N°. V. On voit un homme qui, avec un crochet ajusté au bout d'une perche, détache des moules d'un rocher élevé ; et au bas du rocher, une femme qui les ramasse dans un panier ; plus loin, un homme qui tient à la main un couteau que l'on nomme *étiquette*, et une femme qui a une vieille faucille, l'un et l'autre pour détacher des coquillages, des pierres, qui ne sont pas hors la portée de la main, ou pour tirer du sable soit des vers, soit des poissons.

N°. VI. Une pêche de nuit ; des pêcheurs dérangent les pierres et les galets, et ramassent, à la lumière d'une lanterne, les vers retirés sous les pierres.

N°. VII. On voit des hommes qui labourent le sable avec des louchets ou des fourches, pour en tirer des vers ou des poissons qui s'y sont enfouis.

PLANCHE XVIII.

N°. I. Pêche à l'*espadot*, qui se fait la nuit dans les endroits où il reste un peu d'eau. Après avoir attiré le poisson avec la lumière d'un flambeau, on le saisit avec l'espadot, qui est un crochet de fer ajusté au bout d'une perche.

N°. II. Un jeune homme laboure le sable avec un crochet de fer ajusté au bout d'une perche qu'il passe entre ses jambes ; d'autres pêcheurs entament le sable avec de grands râteaux, pour en tirer des vers, des hamilles et des poissons qui, s'ensablent lorsque la mer se retire.

N°. III. La même opération se fait avec des bêtes de trait et des herses, qu'un homme ou une femme suivent, pour ramasser dans des paniers les poissons qu'on a fait sortir du sable.

N°. IV. Des pêcheurs à la fougue, qui marchent pieds nus sur le sable dans des endroits où il reste un peu d'eau : quand ils sentent sous leurs pieds des poissons qui se sont ensablés, ils les prennent à la main, ou bien ils les percent avec une fouane.

N°. V. En piétinant et émouvant le terrain sur un fond vaseux, on en fait sortir des anguilles, qu'on prend à la main, qu'on assomme avec un bâton, ou qu'on perce avec une fouane.

N°. VI. Quand les vases sont trop molles pour marcher dessus, les pêcheurs ajustent sous leurs pieds des planches minces, et enfonçant des fouanes au hasard dans la vase, ils en retirent des anguilles et quelques autres poissons.

N°. VII. On voit au bord de l'eau des pêcheurs qui, ayant attiré du poisson par la lumière d'un flambeau, le percent avec une fourche.

N°. VIII. Des pêcheurs en bateau sur un banc de coquillages, les détachent avec des râteaux auxquels est attaché un sac de filet, destiné à recevoir ces coquillages.

PLANCHE XIX.

N°. I. Quand on pêche des huîtres avec un râteau, au lieu du sac de filet dont nous venons de parler dans le N°. VIII de la Pl. XVIII, on ajuste sur le manche une planche mince, qui forme comme une petite boîte dans laquelle s'amassent les huîtres.

N°. II. Des pêcheurs se transportent sur des vases très-molles qui restent couvertes d'un peu d'eau, au moyen d'un bateau si léger, qu'ils peuvent le porter sur leur tête, et en enfonçant au hasard leurs fouanes dans la vase, ils en retirent les poissons qu'ils ont percés.

N°. III. On fait la même pêche dans des endroits où les vases sont couvertes d'une épaisseur d'eau assez considérable pour qu'on puisse s'y rendre en bateau.

N°. IV. On peut faire la même pêche la nuit. On attire les orphis à la lumière d'un flambeau.

N°. V. Au lieu d'un flambeau, on ajoute quelquefois au bout du bateau un réchaud, dans lequel on fait un feu clair; c'est ce qu'on appelle le *pharillon* ou *fastier*.

N°. VI. Un seul homme ayant les pieds sur le bord d'un très-petit bateau, pêche de jour et de nuit, à la fouane ou au trident. Il y a dans le bateau une ligne fine, dont un bout est attaché au fer du trident, pour ne pas le perdre, quand, ayant harponné un gros poisson, l'instrument échappe des mains du pêcheur.

N°. VII. Plusieurs harponneurs dont le fer est disposé de manière à ce qu'il reste attaché au poisson qu'on a percé. A est un harpon de deux pieds de long, y compris la pointe, la verge et la douille; B, C, le même harpon sur son manche; E, un harpon de deux pieds de longueur, y compris la pointe, la verge et la douille, dans laquelle s'emmanche une perche de cinq à six pieds de longueur; sa forme est celle d'une espèce de couteau long d'environ huit pouces, et large d'un pouce et demi; F, le même harpon avec son manche; G, encore même harpon, dont la lame est tournée par l'effort que fait le poisson pour se dégager.

N°. VIII. Une grande seine dont les mailles sont fort petites, et ramassent tout le *nonnat* ou *guildre*, c'est-à-dire les poissons de toute espèce encore très-petits.

PLANCHE XX.

N°. I. Autre pêche du *nonnat*. Elle se fait avec une manche de filet dont les mailles sont fort serrées; on ajuste cette manche au bout d'une fourche de bois; ce qu'on appelle *savre à râteau*. On le traîne sur le sable, pour prendre les petits poissons.

N°. II. Une *bache roulante*. C'est une manche de filet, qui est ajustée sur deux morceaux de bois, aux extrémités desquels on amarre une corde, qui, étant double, passe sur les épaules du pêcheur, comme les bretelles d'une hotte, et servent à traîner la bache sur le sable.

N°. III. Paniers de toutes grandeurs pour le transport du poisson, cloyères, torquettes, paille longue qu'on nomme *glu*, ficelle, couteau et épisoir, le tout pour emballer le poisson.

N°. IV. Les chasse-marées partent avec leurs chevaux, ou portent le poisson dans des hottes.

N°. V. Cette *fig*. représente des pêcheurs verrotiers qui se hâtent de porter des vers marins en vie aux pêcheurs aux hameçons.

N°. VI. La *fig*. 1 représente le plan d'une barque à vivier, qui sert à transporter les poissons de mer en vie. La même barque en M, C. La *fig*. 2 représente le plan et la coupe longitudinale d'une bascule ou boutique pour transporter par eau le poisson d'eau douce en vie. La même boutique se voit au-dessous de la *fig*. 2.

PLANCHE XXI.

N°. I. *Fig*. 1 *et* 2. Huche propre à conserver le poisson d'eau douce en vie pour la consommation journalière. *Fig*. 3, une vanne; *fig*. 4 et 5, plan d'une bonde d'étang, vue par-devant et par-derrière.

N°. II. Vue d'un étang, prise de derrière une chaussée au milieu de laquelle est établie la bonde. Il y a au-dessous de la bonde une grille *d* pour retenir le poisson dans l'étang. On a mis derrière la chaussée, dans l'endroit qu'on appelle *la fosse*, une huche *e*, semblable à celle qui est représentée par la *fig*. du N°. précédent.

N°. III. On voit, dans le lointain, la chaussée d'un étang qui est en pêche; et sur le devant, des parcs pour y déposer le poisson; un homme qui transporte du poisson à dos de cheval dans des bachottes pleines d'eau, et une charrette sur laquelle il y a des tonnes aussi pleines d'eau pour le transport du poisson, à mesure qu'on le tire de l'étang.

N°. IV. Une partie de la chaussée d'un étang, et derrière, un bassin, qu'on est obligé de faire en plusieurs circonstances pour pêcher les étangs, auquel on donne le nom de *tombereau*.

N°. V. La lettre *a* représente une petite chaloupe qu'au Hâvre on nomme *flambart*, et la lettre *b* un petit bateau, dans lequel un seul homme va à la pêche du libouret ou de la caudrette, le long de la côte et entre les roches.

V. *De la Pêche aux Filets.*

PLANCHE XXII.

Cette planche représente différentes sortes de mailles employées dans la fabrication des filets, et la manière de les travailler.

Fig. 1 *et* 2. Elles représentent la forme générale d'un filet en *simple nappe*, qui a les mailles carrées ou en losange.

Fig. 3 *et* 4. Ce sont des tramaux, c'est-à-dire des filets composés d'un assemblage de trois nappes, dont deux, à larges mailles, retiennent au milieu d'elles la troisième, qui a des mailles beaucoup plus étroites. Ces mailles sont tantôt en losange, tantôt en carré.

Fig. 5. Filet de 8 ourdes au pan, c'est-à-dire où

huit nœuds font la longueur d'un pan de neuf pouces.

Fig. 6. Filet qui a la forme d'un sac conique; l'espèce représentée ici est le *verveux*.

Fig. 7. Elle représente une méthode commode de mailler, qui est expliquée au mot *Filet* du *Dictionnaire*.

Fig. 8. C'est l'exposition d'une autre méthode pour mailler. Les chiffres ne sont pas dans le même ordre que dans la *fig.* 2, parce que l'objet est différent.

Fig. 9 *et* 18. Elles représentent des accrues.

Fig. 10. Elle marque comment on diminue la largeur d'un filet.

Fig. 11 *et* 13. Elles sont relatives à la manière de travailler les filets ronds.

Fig. 12. Manière de travailler les filets en losange.

Fig. 14, 15, 16 *et* 17. Elles analysent le procédé du travail des filets, tel qu'il est expliqué au mot *Filet* du *Dictionnaire*.

Fig. 19. Monture du filet, faite par de grandes anses qu'on nomme *pigeons*.

Fig. 20, 21 *et* 22. Elles servent à indiquer comment on attache les plombs au bas des filets.

Fig. 23, 24 *et* 25. Elles montrent la manière dont on commence un filet à mailles carrées.

Fig. 26. On voit ce filet que l'on a travaillé à mailles en losange; mais la *fig.* 28 démontre comment ces mailles sont ramenées à une figure carrée.

Fig. 27. C'est le faisceau que forme l'ensemble des mailles pendant qu'on travaille le filet.

Fig. 29. Plan sur lequel on travaille un filet à mailles carrées, auquel on veut donner plus de longueur que de largeur.

Fig. 30. Elle représente la manière dont on dispose les corps légers destinés à être attachés au haut d'un filet, et dont l'effet est de soutenir cette partie vers la surface de l'eau, tandis que le lest dont le pied est garni tend à attirer le reste vers le fond.

Fig. 31. Elle montre la manière de border le haut et le bas d'un filet.

Fig. 32. On voit dans cette figure le moyen d'empêcher qu'un filet ne s'allonge au-delà de la proportion qu'on juge lui convenir.

Fig. 33. Manière dont se fait le nœud sur le pouce. On voit au-dessus de cette figure le développement de ce nœud.

Fig. 34, 35 *et* 36. L'opération du nœud représentée en trois temps ou parties, pour la rendre plus distincte.

PLANCHE XXIII.

Fig. I. Elle montre l'ordre successif du travail pour faire de nouvelles mailles. Le second rang se commence au-dessus de l'endroit où le premier a fini. L'un et l'autre ont, pour liaison, des mailles latérales dont on ne refait qu'une partie.

Fig. 2. Elle indique la manière dont on agrandit le trou, afin de le réparer exactement.

Fig. 3. Continuation de la réparation du filet troué, jusqu'à ce que l'ouverture soit entièrement fermée.

Instrumens à mailler.

Fig. 3, 4 *et* 6. Aiguilles pour mailler.

Fig. 5. Aiguille couverte de fil, en état de travailler. La lettre *g* désigne un peloton de fil.

Fig. 7. Valet servant à tenir le fil tendu, lorsqu'on le veut ainsi, pour travailler plus commodément.

Fig. 8, 9, 10, 11, 12, 13 *et* 14. Moules cylindriques de diverses grosseurs.

Fig. 15. Moule plat en forme de règle.

Fig. 16. Grand moule servant à faire des hamaux.

Fig. 17. Autre moule pour faire des filets à prendre du poisson plat.

Tannage des filets.

Fig. 18. Cuve de cuivre pour le tannage des filets.

Fig. 19. Barril plein de tan en poudre.

Fig. 20. Tonne ou gonne dans laquelle on met l'eau qu'on a retirée des chaudières.

Fig. 21. Manne pour égoutter le tan au sortir des chaudières.

Fig. 22. Lanet qui est garni d'un filet de ficelle.

Fig. 23. Puiseux.

Fig. 24. Gaffe.

Fig. 25, 26 *et* 27. Divers fourgons servant à attiser le feu ou à changer la situation des filets dans la chaudière.

Filet nommé Épervier.

Fig. 28. Petit épervier qui n'a point de bourse sur les bords, et où règnent, dans toute sa hauteur, des ficelles qui se réunissent, en haut, à un anneau au moyen duquel on peut tirer la corde qui termine la hauteur du filet, sans que tout le filet se fronce, et que le poisson s'y trouve enfermé.

Fig. 29. L'Épervier confectionné.

Fig. 30. Elle représente une coupe de ce filet.

Fig. 31. Épervier qu'on traîne.

Fig. 32. Épervier qu'on jette de terre à l'eau.

Fig. 33. Pêcheurs qui jettent l'épervier de dedans un bateau.

PLANCHE XXIV.

N°. I. Filet du genre de l'échiquier, que l'on nomme *calen*. En *b* est un boulon de fer qui supporte l'effort de levier que fait le pêcheur pour relever le filet.

N°. II. Pêcheur qui tient un échiquier qu'il tire de l'eau.

N°. III. A, fourche pour descendre une caudrette à l'eau, de dessus un rocher qui s'incline vers la mer. B, pêche à la caudrette, dans un bateau. C, E, pêcheurs qui relèvent leur caudrette avec une fourche. D, femme qui pêche avec le truble.

N°. IV. Échaffaudage pour pêcher avec des espèces de caudrettes ou chaudières, dans des endroits pleins de rochers.

N°. V. Pêche au tamis de crin, qui se fait de nuit, dans le temps qu'on est un peu éclairé par la lune. Chaque femme a près d'elle une lanterne et un seille ou espèce de sceau. Elles jettent dans le seille de petits poissons qu'elles ont pris dans leur tamis, pêle-mêle avec l'eau de la marée.

N°. VI. La lettre *a* indique des pêcheurs qui vont placer des bouraques à la mer basse, entre des rochers. Le bateau que l'on voit dans le lointain est monté par des pêcheurs qui vont établir des bouraques sur des rochers, qui restent baignés lors même que la mer est basse.

N°. VII. Les figures contenues dans cette partie de la planche représentent divers instrumens de pêche, dont plusieurs ont été vus en petit dans les figures précédentes, savoir : la *fig.* 1, un tamis de crin, qui sert à la pêche N°. V; les *fig.* 2, 3, 4 et 5, des bouraques, paniers et casiers; les *fig.* 6 et 7, un lanet pour prendre des chevrettes; la *fig.* 8, une savanette ou savaneau; la *fig.* 9, une bichette ou savanelle à deux arcs croisés; la *fig.* 10, une truble ou trouble; la *fig.* 11, un petit truble dont le cercle est en fer; la *fig.* 12 et 13, des caudrettes ou chaudières; enfin la *fig.* 14, une fourche pour relever la caudrette.

PLANCHE XXV.

N°. I. Les *fig.* 1 et 2 représentent des pêcheurs qui prennent des poissons avec le *bouteux*. Celui de la *fig.* 2 court dans l'eau en poussant devant lui cet instrument; celui de la *fig.* 1 a relevé le bouteux pour prendre le poisson qui s'y trouve. Ce pêcheur a sur les reins un panier pour mettre le poisson qu'il a pris.

N°. II. On voit le bouteux seul et en entier dans la *fig.* 1. La *fig.* 2 est celle d'un filet nommé *grenadière*; les *fig.* 3, 4, 5 et 6 sont des bouteux de différentes formes.

N°. III. On voit un pêcheur qui présente au courant le grand haveneau; et les *fig.* 1 et 2 représentent deux pêcheurs qui relèvent ce filet, parce qu'ils sentent qu'ils y ont pris du poisson. Tous ont sur le dos un panier pour serrer le poisson.

N°. IV. Grande pêche au haveneau. Les pêcheurs, *fig.* 1, tiennent leurs filets tendus, pendant que d'autres battent l'eau pour faire fuir le poisson du côté des premiers.

N°. V. La *fig.* 1 est le savre; la *fig.* 2, le filet dit *bout-de-quièvre*; la *fig.* 3, le grand haveneau; la *fig.* 4, ce dernier filet, roulé pour être emporté commodément après la pêche.

N°. VI. Pêche du haveneau, dans un bateau par le travers duquel on place ce filet.

N°. VII. Autre manière, où le même filet est établi à l'arrière d'un bateau nommé *acon*.

N°. VIII. On voit un homme et des femmes occupés à prendre, entre les rochers, de grosses chevrettes, avec une espèce de truble nommée *treuille* ou *trulot*.

PLANCHE XXVI.

N°. I. Guideaux tendus au bord de la mer en hauts et bas étaliers. Les hauts étaliers sont soutenus par de hautes perches ou pieux dont on voit les têtes sous les lettres *a a a a*; le terrain où ces pieux sont enfoncés est marqué par les lettres *e e e e*; les cordes *b, c* soutiennent les pieux contre l'effort de la marée; un autre étai *b, d* les affermit encore par les côtés. On en met un pareil à l'autre bout de la file des pieux. Il y a sous le filet, et à dix-huit pouces du terrain, un autre cordage pour soutenir le filet dans une direction inclinée. Les bas étaliers sont à côté de la figure que nous venons de décrire; les pieux qui les soutiennent ont peu d'élévation.

N°. II. Disposition d'un guideau dans un îlot ou dans le petit bras d'une rivière. C'est ce qu'on nomme *des gors*. Il y a un goulet, ou petit filet en entonnoir, dans l'ouverture du guideau *c*, afin que le poisson qui est entré par cet entonnoir ne puisse pas retourner à l'eau. Le grand bras de la rivière, qu'on laisse libre pour la navigation, est celui où se trouve un bateau. On voit en *c* deux files de pieux serrés les uns contre les autres, pour conduire les poissons dans le guideau.

On voit, N°. VI, *fig.* 1, un guideau monté sur un châssis.

N°. III. Guideaux tendus aux arches d'un pont. L'extrémité *f* de l'un de ces guideaux n'est fermée qu'avec une corde, que l'on dénoue quand on veut faire sortir le poisson, en le secouant sur le sable. L'autre guideau a son extrémité *g* terminée par un panier d'osier, où le poisson se retire, et d'où on le prend facilement par une porte qui est au bout. Les lettres *a a* désignent les files de pieux qui accompagnent ces guideaux; les lettres *d* et *c*, l'entrée de ces filets; les lettres *b, e*, une ouverture pratiquée dans une chaussée, pour y établir le verveux qui y est placé.

N°. IV. Ce numéro représente des verveux de différentes espèces.

Le verveux ordinaire est celui qu'on voit séparé de sa coiffe, *fig.* 2, N°. VI. Ce verveux, le plus simple de tous, est encore représenté avec sa coiffe, dans la planche XXII, *fig.* 6.

On en voit ici de plus composés, *fig.* 2 et 3. Ils ont plusieurs entonnoirs qui se correspondent, tandis que celui de la *fig.* 2, N°. VI, n'a qu'un seul goulet. La *fig.* 4 est un verveux affermi dans le fond de l'eau par des pierres A, *b b b*, etc., et *d*. Les lettres *e e* marquent l'extrémité des deux ailes qu'on ajuste à l'avant du verveux, en certains endroits de la mer; la tête de ces ailes est garnie de flottes de liége; et il y a des pierres *b* pour assujettir les ailes sur le fond. La *fig.* 1 représente deux pêcheurs dans un bateau; le premier enfonce un piquet dans le fond de l'eau, pour y arrêter la queue du verveux *fig.* 2.

N°. V. On voit, *fig.* 1, un verveux qui a deux entrées opposées l'une à l'autre; on l'a établi dans une eau qu'on a nettoyée d'herbes, pour y former une passée large. Ce verveux double *a, b* est représenté plus en grand par la *fig.* 3 du N°. VI. On y a ajusté des coiffes *d, c*, et des ailes ou bandes de filet en entonnoir. On voit, au-dessus de la *fig.* 1, des palissades en zigzag, dont les trois angles sont garnis de guideaux ou de verveux.

N°. VI. La *fig.* 1 est un guideau; A est son ouverture ou entrée; *c, d, e, f* sont le châssis sur lequel il est quelquefois tendu; la *fig.* 2 est celle d'un verveux ordinaire, séparé de sa coiffe; la *fig.* 3, celle d'un verveux qui a deux entrées opposées l'une à l'autre; la *fig.* 4, un verveux au bout duquel est une petite nasse pour recevoir le poisson.

PLANCHE XXVII.

N°. I. On voit des gors tendus au bord de la mer, ayant leurs palissades formées de filets et de piquets.

N°. II. Les palissades de gors sont ici en clayonnage.

N°. III. Haies ou arrêts. Les palissades sont composées de pieux seuls; mais les verveux sont placés dans un sens contraire à celui des gors N^{os}. I et II. Les palissades de ceux-là communiquent avec un verveux dans lequel elles conduisent le poisson. Ici, au contraire, le verveux est isolé et placé dans la partie évasée de la palissade; et l'extrémité étroite forme une espèce de gouffre qui y attire le poisson.

N°. IV. Pêcheurs qui vont en bateaux établir de grandes nasses. On voit en *a*, *b* la manière de tendre des nasses pour les éperlans.

N°. V. La *fig.* 1 est un panier, au fond duquel est un appât pour des anguilles; la *fig.* 2, une nance ou nasse dont on se sert en Provence; elle tient de la bouraque, Pl. XXIV, N°. VII, *fig.* 3, et cependant elle en diffère; les *fig.* 3, 6, 7, 8, 9, 10 et 11 représentent différentes formes de nasses; la *fig.* 4 est celle d'une nasse nommée en Provence *lance*, *gombin* et *gembin*; A est la coupe de cette nasse; la *fig.* 12 est celle de la nasse des pêcheurs de Nantes, pour prendre des lamproies.

N°. VI. Cette partie de la planche représente la vue d'une bourdigue ou bordigue. Les lettres *m*, *b* indiquent le canal d'un étang salé qui communique à la mer; *c*, *d*, *e*, *f*, *g*, le revêtissement de ses bords; *h*, *x x*, *z*, la rive opposée, qu'on laisse ordinairement dans son état naturel; *l*, *m*, l'entrée par laquelle le poisson est conduit dans la bourdigue; *m*, *n*, *o*, trois tours où les poissons se rassemblent; *q*, une espèce de verveux; on voit en *m*, à l'entrée de la bourdigue, deux poissons dont le plus avancé s'engage dans cette bourdigue; *r*, la maison du bourdiguier; *s*, *t*, deux tours comme celles des lettres *m*, *n*, *o*; *z*, le passage pour les bateaux qui vont de l'étang à la mer. Ce passage est fermé par un filet qu'on abaisse et relève au moyen d'un moulinet *i*. Le cône que l'on voit près de la lettre *i* est un monceau de cannes destinées à former les parois de la bourdigue. On y travaille dans l'atelier voisin. Les lettres *q*, *x* et *s* indiquent une gare de forts pieux et de perches, sans claies, qui est destinée à empêcher que les bateaux n'endommagent la bourdigue. On voit, près de la maison du bourdiguier, un pêcheur qui va prendre le poisson de la bourdigue avec une espèce de truble.

PLANCHE XXVIII.

N°. I. La *fig.* 1 représente la manière dont sont construites les palissades des bourdigues. Le filet *z* de la planche précédente, N°. VI, se trouve ici marqué *r*. On voit en grand, dans la *fig.* 2, l'espèce de truble dont se sert le pêcheur pour prendre le poisson. Le râteau *fig.* 3 sert à dresser le fond de la bourdigue; la *fig.* 4 est une canne préparée comme toutes les cannes doivent l'être pour entrer dans la construction des palissades; la *fig.* 5 indique la disposition des cordes dans l'atelier, pour assembler et lier les cannes, en sorte qu'elles forment des claies solides; la *fig.* 6, un goulet de maniguière; la *fig.* 7, un labyrinthe.

N°. II. Vue d'une espèce de bourdigue dite *maniguière* ou *meynadière*; *c*, coupure nommée *grau*, qui communique de l'étang *g*, *h* à la mer *e*. On pratique dans l'étang une enceinte *f f f*, que l'on interrompt en plusieurs endroits, pour y placer des goulets de bourdigue *g g g* semblables à celui de la *fig.* 6, N°. I.

N°. III. Ce carré représente des dideaux ou guideaux, que l'on place aux arches de quelques ponts.

La lettre *a* indique un de ces filets, entier, et qui est levé pour sécher. Le bas *d* remplit la largeur de l'arche. De *b*, *d* en *e*, ce filet est étendu dans l'eau. On voit, à droite et à gauche des lettres *f*, *g*, *k*, des mâtereaux scellés dans le massif des arches; en *g g*, des courbes de bois, qui embrassent en partie les mâtereaux; en *h h h*, des moulinets; en *k*, une corde qui communique par en haut au moulinet *l*, et par le bas, à la queue du filet. Il y a en *m* des pêcheurs dans un bateau, et qui relèvent le filet; en *o*, un piquet enfoncé dans le terrain, et qui sert à tenir l'entrée du filet ouverte également.

N°. IV. On voit, *fig.* 2, un filet attaché par un collier de corde *d d* à une portion d'un mâtereau *f*; en *b*, un des bords de l'ouverture de ce filet, qui est à fleur d'eau; l'autre bord *c* est au fond de l'eau; tous deux sont garnis d'une forte corde; un piquet *o* les tient écartés l'un de l'autre; *e*, *d* sont la largeur de leur distance; *g* est une courbe de bois. La lettre *h* indique des crochets auxquels on attache l'anse des cordes *i*. La lettre *k* désigne une bride de fer, dont l'œil reçoit le chevron, qui est surmonté d'un bout de corde *m*, et le long duquel sont des chevilles *n*.

Le filet *fig.* 2 est bordé d'une forte corde *b*. Les lettres *f*, *g g*, *i i*, répondent à leurs semblables dans la *fig.* 1. Ces objets sont seulement vus ici dans un autre sens.

La bire ou bure que l'on voit en *c*, dans le N°. III, est représentée ici *fig.* 4 plus en grand. On en fait qui sont plus allongées de corps que celle-ci. Il y a une petite nasse *p p*, nommée *cornion*, qui est adaptée au corps de la bure; on voit en *m* l'embouchure de la bure; en *n*, le corps de cette espèce de nasse; en *o*, son extrémité; en *q*, un petit tampon avec lequel on bouche l'ouverture *o*; en *s*, un autre tampon, qui sert à boucher l'ouverture du cornion. On assure les tampons avec une cheville de fer *u*, dans le trou de laquelle on met un cadenas.

La *fig.* 5 représente en grand un moulinet pareil à ceux *h h* du N°. III, et une portion du parapet, contre laquelle sont appuyées les potences *d b*, *d b*, qui soutiennent le moulinet. La lettre *c* désigne la corde dont on saisit un des leviers *e e* quand on veut arrêter le treuil.

N°. V. Ravoirs simples, tendus en palissades sur des piquets.

N°. VI. Ravoirs représentés dans l'état où se trouvent ces filets, lorsque la marée montante les soulève et leur fait prendre une situation horizontale; ils reprennent leur position verticale lorsque la marée se retire.

N°. VII. Folles tendues en ravoirs; elles font, par le bas, une panse, où le poisson se rassemble.

PLANCHE XXIX.

N°. I. Hauts palis. Filets tendus en palissades sur de hautes perches. Les mailles sont calibrées de manière à ce que les harengs et les maquereaux puissent s'y prendre par les ouïes.

N°. II. Ce sont des filets abattus au pied de leurs piquets, jusqu'à ce que le jusant commençant à se faire sentir, on le relève avec les poulies et manœuvres A B, que l'on voit à la tête des piquets.

N°. III. Un filet que l'on tend pour prendre des poissons que l'on nomme *mulets*. On le voit tendu en *a*, *b b*; et dans la *fig.* *b*, *a*, *b*, on voit deux hommes occupés à le tendre.

N°. IV. Parcs préparés par la nature, auxquels

on a ajouté soit un clayonnage *a*, soit une digue de pierres, pour y retenir l'eau de la mer.

N°. V. Parcs que l'art a disposés d'une manière très-simple, au moyen des murailles *a b, a b,* qui sont en pierres sèches, et des grillages que l'on voit au-dessous de *b b,* et qui permettent à l'eau de s'écouler, mais s'opposent à la sortie du poisson que le flot y a porté par-dessus les murailles. On voit, même N°., un parc de pierres, terminé par des nasses *a, b, a,* mises bout à bout, et soutenues par des piquets *dd*.

N°. VI. On voit, par la *fig. a a a*, des parcs en pierres sèches, dans la construction desquels on a mis plus d'art que pour les précédens. Les lettres *a a a* représentent des ouvertures pratiquées pour l'écoulement de l'eau; les lettres *b b*, des espèces de contreforts. Au-dessus de cette figure sont des parcs de pierres fort bas, mais où l'on n'a laissé aucune ouverture pour la sortie de l'eau; ainsi les plus petits poissons s'y trouvent retenus.

N°. VII. Des parcs construits en bois. On voit de *a* en *b* les claires-voies enfoncées dans des banquettes de pierre qui en assujettissent le pied; au-dessus de *b*, le terrain est supposé assez solide pour que, les montans y étant entrés avec force, l'ouvrage ne soit point sujet à être emporté par le courant. Il y a en *d d* des bouts de roches dont on a profité pour ne placer de clayonnages qu'en *e e e*.

N°. VIII. Cette figure représente plusieurs petits parcs qui s'entretouchent, et dont on établit quelquefois un plus grand nombre pour couvrir toute une plage.

PLANCHE XXX.

N°. I. Un parc que l'on nomme *benâtre*, vu en grand.

N°. II. Les lettres *b, a, c* représentent un parc de clayonnage, formé par deux ailes droites, et terminé par une bourge *d*.

On voit en *h, k*, une autre construction de parc dont tout le bas est à jour, pour que l'eau puisse s'écouler librement, et que les petits poissons puissent retourner à la mer.

N°. III. La *fig.* 3 représente le tissu d'un clayonnage; 2, une batte pour enfoncer les piquets *a a a* de la *fig.* 3; les lettres *a a a, b b b*, représentent la coupe d'une bourgue, telle que celle du N°. II; la *fig.* 4, des pêcheurs qui vont sur des côtes vaseuses, avec de petits bateaux nommés *acons*; la *fig.* 1, un clayonnage moins serré que celui de la *fig.* 3. Au-dessus de la *fig.* 4 est le plan d'une disposition de bouchots, sur plusieurs rangs, qui vont depuis la côte jusqu'à la mer.

N°. IV. On voit comment on tend à-la-fois un grand nombre de parcs anguleux; et à côté est un parc de filets, qui forme une portion de cercle.

N°. V. La figure où se trouvent deux pêcheurs est un parc à grandes tournées; l'autre figure représente un parc à l'anglaise, qui se termine par un crochet.

N°. VI. Il représente des hauts parcs à crochets.

N°. VII. Cette figure fait voir une disposition de parc, où on met alternativement une certaine quantité de filets bas, et une autre quantité de filets hauts.

N°. VIII. Une manière de tendre un parc de hauts filets pour prendre des maquereaux.

PLANCHE XXXI.

N°. I. La *fig.* A, B, D, C représente un petit parc, que l'on nomme *closet*; l'autre figure est une sorte de petite courtine propre à prendre du poisson plat.

N°s. II et III. Parcs fermés qui ne sont composés que de filets tendus sur des pieux. Les filets du N°. III sont tendus en folles.

N°. IV. La *fig.* 1 représente le plan d'un parc fermé; A, B est le corps du parc; C, H, G, D, la chasse qui y conduit le poisson; E, l'ouverture pour procurer l'écoulement entier de l'eau.

La *fig.* 2 est un massif de clayonnage et de pierres sèches, pour former le pied d'un parc.

La *fig.* 3 est un verveux au devant duquel est une chasse.

N°s. V et VI. Le pied des parcs dans ces deux numéros est composé du massif de clayonnage et de pierres sèches, qu'on a vu dans le N°. IV, A, C, E. Il y a, dans le N°. V, quatre tours au corps de parcs, qui ont une communication mutuelle par autant de chasses; tandis que, dans le N°. VI, chaque corps ou tour a une chasse qui n'est que pour lui.

N°. VII. On voit dans cette figure une sorte de parc construite autour d'un rocher, et que, pour cette raison, on nomme *entour*.

PLANCHE XXXII.

N°. I. Parc au fond duquel est ajusté un verveux.

N°. II. Espèce de parc que l'on est dans l'usage d'établir en pleine eau, dans la Méditerranée, et que l'on nomme *paradière*. On en voit ici la figure et le plan l'un au-dessus de l'autre, *fig.* 1 et 2.

N°. III. Petite pêche nommée *loup*. On n'y emploie que trois perches. C'est une sorte de parc qui n'est point fixe.

N°. IV. On voit ce qu'on nomme *étalières* en Normandie. Le fond seul de ce petit parc est assuré avec des piquets. Le reste est libre, pour que le varec passe par-dessus sans déranger la tente.

N°. V. Cette figure représente deux hommes nus dans l'eau, présentant un filet ouvert à la marée; les perches qui sont aux extrémités leur servent à s'élever au-dessus de la lame quand elle vient les couvrir; ils reculent de la sorte vers la côte, à mesure que le flot les gagne.

N°. VI. On voit des pêcheurs occupés à tendre des filets dans une anse, entre des rochers. La *fig. d d* représente un filet tendu d'un rocher à un autre. On abaisse ce filet pour livrer passage aux poissons qui suivent la marée, et on le relève par les cordes passées dans les poulies *d d*, avant que la mer se soit retirée entièrement.

N°. VII. Filets tendus d'une manière particulière. On met sur leur tête, d'espace en espace, des lignes qui ont environ deux fois la hauteur des filets, et dont l'extrémité embrasse une pierre qu'on enfouit dans le sable. Ces lignes se nomment *bandigues*.

N°. VIII. On voit des pêcheurs dans une barque, qui, après avoir amarré en A, à un rocher ou une câblière un bout de leur filet, s'éloignent dans la mer, pour former une enceinte avec le reste du filet.

PLANCHE XXXIII.

N°. I. Ici les pêcheurs ont tendu leur filet sédentaire par le travers de la route que tiennent les poissons. Ils en tiennent un bout de dedans leur bateau; l'autre bout est amarré à une ancre où à une pierre.

N°. II. Sur le devant de la figure est un filet tendu de manière qu'il passe, par une de ses extrémités, une espèce de spirale, pour y embarrasser le poisson. Les lignes ponctuées indiquent d'autres directions qu'on tâche de faire prendre aux filets, pour que les sinuosités occupent le poisson, et le retiennent dans sa fuite.

N°. III. Pratique au moyen de laquelle on établit un filet dans la mer, à telle profondeur qu'on veut.

N°. IV. Cette figure représente des folles tendues en mer, sur de grands fonds.

N°. V. Folles qu'on tend un peu en demi-cercle, aux bords de la mer.

N°. VI. Instrumens qui servent aux pêcheurs folliers. On voit des rondelles de liége *b b b* enfilées dans une corde. Cette corde, étant attachée à la tête des filets, sert à les soutenir verticalement dans l'eau. Il a en *e*, *d* deux autres cordes, entre lesquelles sont amarrés des cailloux. On les ajuste de la sorte au pied des filets, pour les caler à fond. Les lettres *i*, *k*, *m* représentent une grosse pierre, garnie d'une anse ou estrope en K, que l'on attache aux deux extrémités des filets nommés *folles*. Dans cette estrope passe encore un orin, au bout duquel est attachée une bouée *m* ou *n*, garnie d'un pavillon ou signal *o o*. On attache quelquefois, de distance en distance, une petite pierre à la ralingue du bas d'un filet qui a beaucoup de longueur. On voit, au-dessous de la figure *n*, *s*, un grappin, et *t*, un gaffot.

N°. VII. Différentes opérations relatives à la pêche des folles. En A les pêcheurs mettent leurs filets à l'eau. Au-dessus de cette figure, en *d* est un bateau démâté, qui est sur son filet. En B ce sont des matelots qui relèvent leur tessure; au-dessus de cette figure, en *c* est un bateau qui, ayant fini sa pêche, se remâte; plus loin, en *e*, un bateau appareillé qui retourne au port.

N°. VIII. Espèces de demi-folles tendues par fond, de travers à la marée. On voit deux bateaux, d'où on pique le fond de la mer avec des perches, pour obliger les poissons plats à quitter le fond, et à se jeter dans les filets. Cette opération a fait donner à la pêche même le nom de *picots*.

PLANCHE XXXIV.

N°. I. La pêche représentée par cette figure se fait en battant l'eau avec les avirons, etc: on l'appelle *jets* en Picardie.

N°. II. Pêcheurs qui tendent des tramaux sédentaires, à la basse eau, sur les grèves. Il y a en *a* de grosses pierres attachées aux angles d'en bas du filet. On voit en *b b* des bandigues ou lignes comme celles de la Pl. XXXII, N°. VII.

N°. III. Cette figure représente un tramail tendu le long des bords d'une rivière ou d'un étang. Deux hommes qui sont sur le bord, fourrent des perches dans les crônes et les herbiers, pour contraindre le poisson à en sortir et à se jeter dans le filet.

N°. IV. La *fig. a*, *b* est un tramail employé dans l'Océan et dans les rivières. La *fig. h h* est un tramail bordé de quelques rangs de mailles d'un autre filet; *a*, *b*, *c*, *d* représentent la ralingue qui les borde en haut et en bas.

On voit les nappes extérieures dont les mailles sont fort larges; et dans le milieu, une autre nappe dont les mailles sont beaucoup plus serrées.

N°. V. Tramail tendu en travers d'une rivière où la marée remonte.

N°. VI. Tramail tendu sédentaire au fond de la mer, comme on tend les folles.

N°. VII. On voit dans cette figure des tramaillons dont la tête est garnie de longues lignes terminées par des liéges; ces sortes de lignes sont appelées *énards*.

N°. VIII. Le filet représenté dans cette figure est ajusté de manière qu'on peut l'établir dans l'eau à une profondeur, au moyen de la fausse ralingue A, *b*, surmontée d'énards *f f f*, et qui communique par des lignes *e e* à la vraie ralingue *c*, *d*, de la tête du filet. Ces lignes se prolongent quelquefois jusqu'à la ralingue du pied du filet *h*, *i*.

PLANCHE XXXV.

N°. I. Nappe de filet tendue tout près de la surface de l'eau, parce qu'elle y est retenue par une grande quantité de liége qu'elle a sur la tête, et qu'elle a fort peu de lest au pied.

N°. II. Plusieurs pièces de tramaux séparées les unes des autres par un funin de communication, au milieu duquel est une ligne dont l'extrémité porte une bouée B.

N°. III. Pêche à la dreige. La lettre A indique le bâtiment; les lettres *b*, *c*, deux cordages amarrés aux deux côtés de la poupe; *d*, la grande voile à l'eau avec sa vergue *e*; *h*, les écoutes d'eau; *o o*, les bras, dont l'un communique du filet *o*, *p* au bâtiment, et l'autre au bourset K. On voit en *m*, *n* une bouée avec une ligne sur le bras *o*, pour indiquer l'endroit où est le bourset dans l'eau. Il y a aussi une bouée où une barrique sur la vergue du bourset.

N°. IV. Cette figure représente le bâtiment avec sa grande voile séparée du bourset, pour mieux faire distinguer chaque partie. On ne nommera ici que celles qui n'étaient pas cotées par des lettres dans la *fig.* N°. III. La lettre *f* est une manœuvre qu'on appelle *traversine*; les lettres *g g* sont les deux bras de la voile.

N°. V. On voit dans cette figure le bourset seul, avec son gréement. Outre ce que nous en avons dit à propos de la *fig.* N°. III, on aperçoit en celle-ci, dans un plus grand détail, la voile indiquée par *c* sur la vergue *d d*, les deux bras d'eau *e e*, qui se réunissent au halin *f*, et deux grosses pierres *g*, en avant de la lettre *h*. Il y a en *h* une manœuvre menue et courte, qu'on nomme *petit-four*, qui communique aux écoutes d'eau, et qui est prolongée de l'autre côté par une plus longue manœuvre *i*, appelée *grand-four*.

N°. VI. Petite pêche dont le filet est appelé *rets roulant* et *vas-tu viens-tu*. Ce filet, d'abord plié sur la côte, est tendu par une corde, laquelle, étant attachée à son extrémité, passe dans une poulie qui tient à la roche B.

N°. VII. On voit en *a* des pêcheurs qui mettent à l'eau le filet de la dreige; ils sont dans un bâtiment dont le mât est abaissé. Le bateau *b* fait route de concert avec son bourset. En *c* est un bateau auquel on a donné sur l'avant une petite voile, parce qu'il ne pouvait pas suivre son bourset. Le bateau *d* relève le filet de la dreige. On voit en *e* un bateau qui se remâte, ayant fini sa pêche.

N°. VIII. Dans cette figure les cordages *a a* qu'on nomme *halins* ou *grelins*, sont roulés comme ils le sont ordinairement quand ils ne servent pas. On voit en *c* des matelots qui portent un de ces grelins au bateau *d*, lequel est dégréé; en *b*, d'autres matelots qui portent à bord du bâtiment une grande voile; en *e*, des barils vides, dont on se sert pour soutenir sur l'eau la vergue du bourset.

PLANCHE XXXVI.

N°. I. Les pêcheurs B, C, ayant passé sur eux en bricole les bras *d* de la seine représentée ci-après sous le N°. III, traînent dans l'eau cette seine, qui, pour cela, est dite *colleret*.

N°. II. Les pêcheurs représentés ici traînent le colleret avec des chevaux.

N°. III. La *fig.* 1 est une seine qui a son fond en *c*, ses deux extrémités en *a*, *b*; la partie flottée, en *a*, *b b*; la partie garnie de plomb, en *b b*; et l'un des bras, en *d*. L'autre filet, *fig.* 2, est aussi une seine, qui est fort large en *c*, et qui s'étrécit beaucoup en *a*, *b*. On voit en *e d* une manière d'ajuster les bras pour le colleret.

N°. IV. Seine dont un bout étant arrêté à un treuil, le reste a été porté au large par un bateau, et l'autre extrémité ramenée au second treuil. Ces deux treuils servent ensuite à tirer le filet à terre.

N°. V. Seine dont on amarre un bout à un pieu. Le bateau qui porte le filet au large lui fera décrire une portion de cercle; et, venant à terre avec l'autre bout, le pêcheur joindra ses camarades, qui l'aideront à tirer tout le filet à terre.

N°. VI. On voit dans cette figure une seine tirée d'un bout par des hommes à terre, et de l'autre par un bateau.

N°. VII. Deux bandes de pêcheurs qui tirent à terre une grande seine, à la suite de laquelle deux autres pêcheurs dans l'eau traînent un colleret, pour prendre les poissons qui s'en échappent.

N°. VIII. Seine que traînent deux bateaux, pratique différente de toutes celles dont nous venons de parler.

PLANCHE XXXVII.

N°. I. Les pêcheurs *a* jettent à l'eau chacun une partie de leur filet, et les deux bateaux s'éloignent l'un de l'autre, à mesure que le filet est jeté à l'eau; les pêcheurs de la *fig. b* relèvent à bord leur filet, ne l'ayant pas jeté à une côte favorable.

N°. II. Le filet qui est représenté dans cette figure est celui que l'on nomme *aissaugue* dans la Méditerranée. Les bras de ce filet sont indiqués par les lettres *b b*, et le commencement des halins qui servent à traîner ces bras, par les lettres *c c*. Les bras ou ailes qu'on a divisés en deux parties dans la figure, pour en rendre la longueur plus sensible, sont deux bandes de longs filets, qui s'étendent depuis *b* jusqu'à une vaste poche *a*. De *n* en *d* leurs mailles ont moins d'ouverture, et elles sont encore plus étroites de *d* en *e*. Les lettres *n*, *e* indiquent une espèce de galon de filet qui fortifie le haut et le bas des ailes. La capacité de la poche ou manche est comprise entre les lettres *a*, *h*, *e*; son ouverture est sous la lettre *e* d'en haut; le fond est en *h*; les deux parties *i* du fond de la poche ont leurs mailles plus serrées que celles de la partie *e*, *a*. La partie qu'on nomme *pouche* ou *pointe* est, de chaque côté, celle qui est entre les deux lettres *e e*. La manche est représentée ici dans l'état raccourci où les lièges et les plombs la tiennent ordinairement ouverte dans un grand fond; mais à mesure qu'elle s'emplit de poissons, ou quand l'eau s'y entonne avec force, elle s'allonge telle que la montrent les lignes ponctuées qui se terminent à *m*.

N°. III. Deux bandes de pêcheurs qui tirent à terre l'aissaugue, observant d'envelopper avec le galon les parties des ailes qui ont de petites mailles.

N°. IV. On voit en A un bateau *sardinal* dont on se sert en quelques endroits pour pêcher à l'aissaugue, et en B un petit bateau, qui est quelquefois employé à la même pêche, sur-tout dans les étangs.

N°. V. La *fig. c*, *e* est un *gangui* dont les halins sont attachés à la poupe et à la proue du bâtiment. Au-dessous de la lettre *e* se trouve une perche destinée à assujettir les deux bras du filet dans un écartement convenable. On voit en *b*, *d* deux bateaux, qui traînent ensemble un gangui, afin d'aller plus vite : c'est ce qu'on appelle *les bœufs* ou *le bœuf*.

N°. VI. La *fig. g* est le bateau vu en grand, qui se trouve en *b*, *d* dans le N°. V. La *fig. f*, *k* est un bateau qui sert à la pêche du gangui, avec un moulinet que fait tourner l'un des pêcheurs du côté de la poupe. Les halins du filet sont passés à poupe et à proue. Il y a à la proue un halin du filet qui répond à une ancre que l'on ne voit pas.

N°s. VII et VIII. Ces deux figures représentent l'ensemble du gangui, que l'on a été obligé de partager en deux parties. On voit dans le N°. VIII, en *a*, *b*, *d*, la manche ou le sac du filet, qui est précédée des deux bandes ou ailes *b*, *c*, et *b*, lesquelles sont tenues dans un écartement toujours égal par la perche *p*, *c*. Le tout est amené à terre, quand la pêche est finie, par des hommes *h h*, que l'on voit dans le N°. VII, et qui tirent les halins qui sont amarrés aux ailes *c* de la *fig.* N°. VIII. Les halins, les ailes et l'entrée de la manche sont soutenus flottans par des lièges.

PLANCHE XXXVIII.

N°. I. Cette figure représente une tartane actuellement en pêche. On voit en *a* la grande voile; en *b*, une autre voile nommée tente; en *c*, *d*, les voiles dites *coutelas* ou *trinquettes*, espèces de foques; en *f f*, les bouts-dehors, ou paux, auxquels sont amarrés les salins; en *g g*, les halins ou sartis, qui sont doubles en *h h*; en *i i*, les bandes ou ailes de filets, qui précèdent le corps de la tartane; en *k k*, la partie de ces bandes dite *enclestre*, dont la maille est plus serrée; en *l l*, l'entrée ou marque du corps de la tartane; en *m*, l'endroit où les mailles sont différentes; en *n*, le culaignon ou le fond du filet.

N°. II. Cette figure est celle d'une drague ou chausse. Les lettres *a*, *b* désignent les deux extrémités du bas de l'entrée de ce filet; l'intervalle est garni de plomb. A ces deux endroits *a*, *b*, sont ordinairement deux grosses pierres. La partie supérieure de l'entrée du filet est amarrée sur un mâtereau *d, e*, fait d'un bois léger. Des extrémités *d, e*, partent deux funins, qui vont se réunir en *c* à un petit câble, lequel sert à traîner la drague. Il y a deux petits funins, l'un au-dessus de la lettre *a*, et l'autre qui va de *b* en *h*, lesquels, communiquant ainsi aux deux grands, font que le bas est traîné également comme le haut.

N°. IV. On voit dans cette figure des pêcheurs occupés à tirer à terre la drague que nous venons de décrire dans le N°. II.

N°. III. Sorte de drague nommée *chalut*. C'est ici le chalut employé en Bretagne, Poitou et Saintonge, sauf quelques légères différences selon les endroits. Les lettres *a, k, a* désignent la bouche du filet, dont on aperçoit le bas en *k*, à travers les mailles du dessus, et le haut en *a a*; les lettres *b b* indiquent deux funins qui servent à traîner le chalut de dedans le bateau *e*, où ils sont attachés. On voit en *c c* une perche destinée à tenir toujours ouverte la bouche du chalut. Quelques pêcheurs mettent, comme on le voit dans la figure, des bouts-dehors à la poupe et à la proue, pour y amarrer les halins, afin de les tenir plus écartés.

N°. V. Le chalut représenté par cette figure a son ouverture amarrée sur une perche pliante et qui forme le demi-cercle de *a* en *b*, dont les deux bouts sont amarrés sur une perche droite *a, b*. Du demi-cercle partent des manœuvres qui, en se joignant au halin *e*, facilitent le tirage.

N°. VI. C'est un chalut disposé pour être traîné par deux bateaux.

PLANCHE XXXIX.

N°. I. Bateau à la voile, traînant une chausse.

N°. II. Sorte de chausse dite *dranguelle* ou *drangelle*, traînée par deux bateaux.

N°. III. Bâtiment qui hale deux dragues amarrées, l'une à babord, l'autre à tribord.

N°. IV. On voit dans la *fig.* 1 une construction particulière de chalut. La lettre *f* désigne le corps ou sac, qui se termine carrément en *g*, où sont deux câblières. L'embouchure est montée sur deux genouillettes de bois en console, comme celle qui est marquée dans la *fig. a, d, e*; elles sont assemblées par une traverse de bois, *fig. b*, dont les bouts excèdent les genouillettes par dehors, pour s'emboîter dans une pierre, *fig. c*. Les genouillettes sont percées en *d* (*fig. a, d*); on passe dans ce trou le funin *e*, qui sert à traîner le chalut.

La *fig.* 2 est celle du chalut ordinaire; il y a en *a, b* des genouillettes de bois pliées, pour recevoir une grosse pierre, comme on le voit plus sensiblement dans les *fig. c c*.

La *fig.* 3 est un chalut usité en Normandie; on voit en *b* la partie supérieure de l'ouverture encapelée sur un bâton. Trois manœuvres, *c c, d*, servent à traîner le chalut; celle *d* part du milieu du bâton; les deux autres sont frappées sur des anses de fer K K; elles se réunissent en *e* à un funin *f*. Le bas de l'ouverture est marqué par la lettre *m m*, et l'extrémité du chalut par la lettre *g*. On ferme cette extrémité par un lacet. Il y a une bouée en *r*.

La *fig.* 4 est l'armure de la drague usitée à Cancale pour prendre des poissons plats.

La *fig.* 5 est celle d'une drague anglaise, dont nous avons représenté en grand, dans la *fig. b*, la genouillette qu'on voit en petit à la bouche du filet.

La *fig.* 6 représente l'entrée d'une drague dont l'armure est toute en fer. On voit en *a, l, a, l* une peau de bœuf avec son poil, lequel, flottant sur le fond de la mer, sert ainsi à garantir une partie du filet.

La *fig.* 7 est cette même drague, vue de côté et entière.

La *fig.* 8 est une drague pour les huîtres.

PLANCHE XL.

N°s. I et II. On voit dans le N°. II la madrague de Toulon, vue en dessus; et dans le N°. I, la grande madrague de Bandol. Nous les avons décrites toutes les deux au mot *Madrague* du *Dictionnaire*.

N°. III. La figure que l'on voit dans ce numéro est destinée à faire voir en grand, 1°. la manière dont s'exécute la progression du bateau sur le filet, pour rassembler tous les poissons à fleur d'eau, dans un petit espace; 2°. l'établissement d'une porte de filet, telle qu'on l'a vue dans les *fig. f f* et K du N°. II. Nous renvoyons encore au mot *Madrague*, pour les détails.

N°. IV. Pêcheurs en action pour retirer de l'eau une seine. V. ce mot dans le *Dictionnaire*.

PLANCHE XLI.

N°. I. Petit bâtiment de Granville, équipé pour la pêche de la morue sur le banc de Terre-Neuve. Les lettres *p p* indiquent un pavois de toile goudronnée, qui sert à garantir un peu les pêcheurs du vent.

N°. II. Il représente une partie des ustensiles nécessaires pour la pêche de la morue sur le Grand Banc. On voit en *a* un baril dans lequel se mettent les pêcheurs, pour être moins exposés à l'eau que répand la ligne lorsqu'elle sort de la mer; en *g*, une estrope, qui sert à amarrer ce baril sur le pont, pour qu'il ne puisse être ébranlé par le roulis; outre cette amarre, les Normands accotent les barils avec une vergue; mais les Granvillois ne jugeant pas ces précautions suffisantes, ils arrêtent leurs barils avec des crampes et des taquets *r, s*. La lettre *b* indique un baril qu'on place auprès des habilleurs, pour y mettre les foies de morues; il est échancré en son embouchure, pour qu'on puisse en retirer plus facilement les foies. Les lettres *d d* font voir des paniers dont on fait bonne provision, pour transporter les breuilles, langues et foies de morues, le sel, etc.; la lettre *g*, une petite pelle ou palette pour le service des saleurs dans la cale; la lettre *x*, un grand haim à morue, qui n'est garni que de son empile; les lettres *k, h, i*, une ligne de pêche garnie de son haim et de son plomb. On voit en *c* un petit instrument de fer, pointu par les deux bouts, que l'on nomme *élangueur*; on enfonce une de ses pointes dans un trou qui est à une lisse près de chaque pêcheur; aussitôt qu'il a pris une morue, il la pique, par le derrière de la tête, à la pointe de l'élangueur qui est en haut, à-peu-près comme on le voit en *d*, Pl. XLII, N°. VI, pour détacher plus aisément la langue; la corde qui est au milieu de l'élangueur sert à l'attacher à la lisse, pour empêcher qu'il ne tombe à la mer. Il y a auprès du baril *a* un petit gaffot *c*, dont les habilleurs se servent pour approcher d'eux les morues qui en sont éloignées. On voit en *t* un instrument pointu, nommé *piquoir*, qui sert aux garçons de bord à approcher les morues auprès des habilleurs; *v* est le fer d'un piquoir, séparé de son manche; *m*, *n*, *o* sont des couteaux à un ou deux tranchans, qui servent à étêter et trancher les morues, et à détacher les noues.

N°s. III et IV. On voit dans le N°. IV le plan du pont du bâtiment granvillois qui est représenté dans le N°. I de cette planche; au milieu de ce pont est la chaloupe. Les lettres *g g g* indiquent les barils où se mettent les pêcheurs. (J'ai vu récemment, à Dieppe et à Saint-Valéry, des bâtimens armés pour la pêche de la morue, et où l'on a substitué de petits carrés en planches aux barils qui sont ici figurés.) La lettre *m* est l'étal ou la table qui sert à l'étêteur et au trancheur, à habiller les morues; *p p* sont les barils où ils se mettent. Le petit carré *m* est une ouverture qu'on nomme *charnière*, par laquelle on jette les morues habillées, pour qu'elles se rendent dans la cale, où est le saleur; *p*, barils pour mettre les foies ou les langues, ou les œufs quand on veut faire de la résure.

On voit dans le N°. III un pêcheur *h* dans son baril; en *b*, *d*, *e*, un ajustement pour le porte-ligne, et pour tendre le pavois, qui met les ligneurs à l'abri du vent. V. dans le *Dictionnaire* l'article *Morue*.

N°. V. Continuation de l'exposition des menus ustensiles nécessaires pour la pêche de la morue; *q*, truble ou manet qui sert à plusieurs usages, particulièrement à amener à bord de gros poissons qui pourraient rompre les lignes, quelquefois à prendre du poisson dans les bancs à vivier, etc.; *d*, des paniers semblables à ceux indiqués dans le N°. II; *p*, des tonnes dans lesquelles on sale les morues préparées à la hollandaise; *r*, un tas de sel.

N°. VII. Dans le N°. VII on voit la suite des ustensiles pour la pêche de la morue: *t t*, digons ou piquoirs de différentes grandeurs, et qui servent principalement, quand on va à la pêche de la morue sèche, à décharger le poisson des chaloupes sur les échafauds; *c*, un gaffot; plus bas, une grande pelle pour remuer le sel; *f f*, une ligne garnie de son plomb et de deux haims; *y*, de petits barils pour saler des langues ou de petits poissons de choix, destinés à des présens; *g*, *i*, *h*, ligne garnie de son plomb et de deux haims.

N°. VI. Bâtiment où les matelots font la pêche qu'on nomme à la faux; souvent on la fait dans des chaloupes. A cette pêche on n'amorce point les haims, qui ont deux ou trois crochets bien aiguisés, pour qu'en les retirant par une secousse on prenne le poisson, qu'on pique tantôt par un endroit et tantôt par un autre.

PLANCHE XLII.

N°. I. On a représenté ici la pêche du capelan dans l'Amérique septentrionale. Ce poisson est un excellent appât pour la morue. On en pêche avec des seines en pleine eau; et en *b* on tire les seines sur le sable. Plus loin, on aperçoit un échafaud pour la pêche de la morue sèche avec un cabaneau; et encore plus loin, le bâtiment des pêcheurs, qui est à l'ancre dans une petite anse.

N°. II. On voit un tonnelier *b*, qui enfonce des barils remplis de poissons salés à la hollandaise.

N°. III. Un bâtiment appareillé suivant l'usage de Normandie, pour la pêche de la morue sur les Bancs. Les lettres *a a* représentent les pêcheurs du milieu du bâtiment qu'on nomme le *Bel*; *b b*, les pêcheurs de la galerie ou des gaillards; *e*, un garçon de bord, qui met avec un digon les poissons que prennent les pêcheurs, de la galerie dans une gouttière de bois, au moyen de laquelle ils se rendent auprès de l'étal, qui est une table de bois, qu'on voit sur le pont, à un des bouts de laquelle est un décolleur, et à l'autre un habilleur, chacun dans son baril; au milieu est aussi dans son baril un mousse qu'on nomme *nautier*, parce que sa fonction est de détacher les noues ou nauts. On voit encore un baril incliné; il est destiné à recevoir les foies. Il y a dans la cale un saleur avec des tas de morues salées en grenier.

N°. IV. On voit plus en grand dans cette figure un étal, et à un bout le décolleur *b*, qui est dans un baril avec son grand tablier de cuir, qu'on nomme *cuirier*; à l'autre bout de la table est l'habilleur *e*, qui est aussi dans un baril avec un petit tablier; auprès de lui est un tuyau de bois *f*, dans lequel il jette les morues habillées; et elles tombent dans la cale, comme on le voit dans le N°. III. La *fig. e c*, qui est mal-à-propos celle d'une femme, est destinée à représenter un ligneur ou lignotier dans son baril. On voit en *b* la lisse sur laquelle il appuie sa ligne; en *g*, l'estrope qui sert à amarrer le baril de pêche sur le pont; en *a*, l'espèce de niche qu'on nomme *theu*; elle est placée devant les ligneurs, et elle les met à couvert du vent.

N°. V. Saleur qui met ses morues en premier sel. On voit en *b* des mousses qui prennent du sel sur des palettes, pour le porter au saleur *a*.

N°. VI. On voit en *e* un pêcheur qui retire un haim de la gueule d'une morue; on s'y prend de différentes manières, suivant que le haim est plus ou moins long, ou qu'il a pénétré plus ou moins profondément. La lettre *d* représente une morue piquée par-derrière la tête à un piquoir, pour qu'on puisse en retirer la langue plus facilement. On tranche les morues, pour en faire tantôt ce qu'on appelle des *morues rondes*, et d'autres fois pour en faire des *morues plates*; *b* est une morue ronde, et *e* une morue plate.

N°. VII. On voit en *e* un homme qui saute un baril qu'on remplit de morues; monté sur un faux fond qui couvre les morues, il les presse de tout le poids de son corps; mais comme cela ne suffit pas, on les comprime encore plus fortement avec le cric *g*.

N°. VIII. On voit sous un hangar des femmes qui lavent et nettoient des morues dans une grande baille remplie de saumure. Cette opération se fait aux morues qui ont déjà été salées et mises en baril à la mer par les pêcheurs. A côté de ces femmes, sous le même hangar, il y a des morues lavées qui s'égouttent; on les met dans de nouveaux barils, et on les saute, comme on le voit plus loin par la figure qui représente un homme monté sur un baril, et par une autre figure qui représente un cric. Comme il faut beaucoup d'eau pour cette opération, il y a toujours un puits *h*.

PLANCHE XLIII.

Tout ce qui est représenté dans les cinq premiers numéros de cette planche concerne la morue sèche que l'on prépare dans l'Amérique septentrionale.

N°. I. La lettre *n* indique un lavoir, qui est une cage que l'on met dans l'eau au bord de la mer, et dans laquelle on lave le poisson qui a reçu son premier sel. Pour cet effet, on le remue dans l'eau avec un bouloir *m* ou une vatrouille *o*. On voit un traîneau qui sert à transporter le poisson sur l'échafaud; et plus haut, en *l*, un boyar ou une civière qui sert aussi à transporter le poisson.

N°. II. On voit en *a* un habilleur qui tient son couteau à la main; en *b*, un garçon de bord qui a une morue au bout d'un piquoir, pour la mettre sur l'étal; en *d*, un garçon de bord qui prend du sel sur une petite pelle.

N°. III. Cette figure représente une petite portion de l'échafaud où l'on prépare la morue sèche. On voit un étal où sont un décolleur et un trancheur dans leur tonneau; un traîneau que l'on charge de morues, et un autre qui en est chargé et que tire un matelot; enfin deux autres matelots qui mettent les morues en premier sel.

N°. IV. Au bout de l'échafaud, du côté de la mer, est un canonnier de garde avec des canons, que l'on mettait autrefois quand on craignait d'être insulté par les sauvages ou les corsaires. Un canot est en route pour aller pêcher des appâts. Deux garçons de bord portent sur une civière un panier rempli de foies de morues à une grande caisse ou foissier, à laquelle ils arrivent en montant sur un plan incliné. Il y a à cette caisse un robinet par lequel on retire l'huile; et auprès sont des tonneliers qui préparent des barils, pour y mettre l'huile, à mesure qu'elle se sépare des foies.

N°. V. Cette figure montre une plus grande partie de l'échafaud, la mer étant, comme dans la figure précédente, supposée dans son plein. On voit le bout de l'échafaud où se trouvent les canons; une chaloupe qui arrive de la pêche, et qui est amarrée sur le cordage *a*, *b*; des matelots qui déchargent leur poisson sur le bout de l'échafaud, en se servant pour cela de piquoirs; en *b*, un garçon de bord, qui pousse le poisson dans la cabane par-dessus les planches de la cloison qui la forment; l'intérieur de l'échafaud, où sont établis, des deux côtés de l'étal, des décolleurs et des trancheurs, chacun dans son baril. Au-dessus du plancher il y a un grenier, dans lequel sont des branles pour coucher ceux qui travaillent à l'étal. On voit au-dessus d'un bateau un cabaneau; on en fait plusieurs, les uns pour la cuisine, d'autres pour coucher les pêcheurs, etc. Enfin il y a des pêcheurs occupés à retourner des morues et à faire des tas ou mulons de celles qui sont suffisamment sèches.

N°. VI. On voit des pêcheurs du nord de l'Europe, qui se mettent au nombre de trois dans de très-petits bateaux qu'ils nomment *schutes*, et qui pêchent à la ligne. Quand ils veulent pêcher plus au large, ils prennent des bateaux plus forts, et s'y mettent au nombre de sept à huit.

PLANCHE XLIV.

N°. I. On lave dans de grandes caisses *a*, au bord de la mer, des morues qui ont été tranchées à plat; ensuite on les met en tas sur des vignots faits en pierres sèches *b*, pour égoutter leurs eaux; en *c* elles sont étendues sur la grave pour sécher; en *d* elles sont suspendues à des perches en plein air; et en *e* on les suspend à des perches dans des cabanes qui, n'étant que lattées, sont traversées par l'air, et à couvert de la pluie. Ces cabanes se nomment *hialder*. On voit un homme qui y entre ayant sur l'épaule une perche garnie de morues.

N°. II. On voit des hommes et des femmes qui étendent des morues sur des rochers et de grosses pierres pour les faire sécher; ils tranchent les morues à plat; mais les uns retranchent la tête, et d'autres la conservent après l'avoir fendue en deux.

N°. III. On a représenté dans ce numéro presque tous les objets qui regardent la préparation de la morue sèche, et qui ont été représentés par parties sur la 43°. Planche. On voit en *d* l'échafaud vu de mer basse; en *e*, la cabane où sont les décolleurs, habilleurs et saleurs; en *a*, une chaloupe qui arrive de la pêche, et des pêcheurs qui déchargent le poisson sur le bout *a* de l'échafaud; au-dessous de cet échafaud, le lavoir où sont deux pêcheurs; des morues sur la grave, d'autres sur des vignots, d'autres en mulons ou tas; un cabaneau, et en avant de ce cabaneau un pêcheur qui porte des morues sur sa tête.

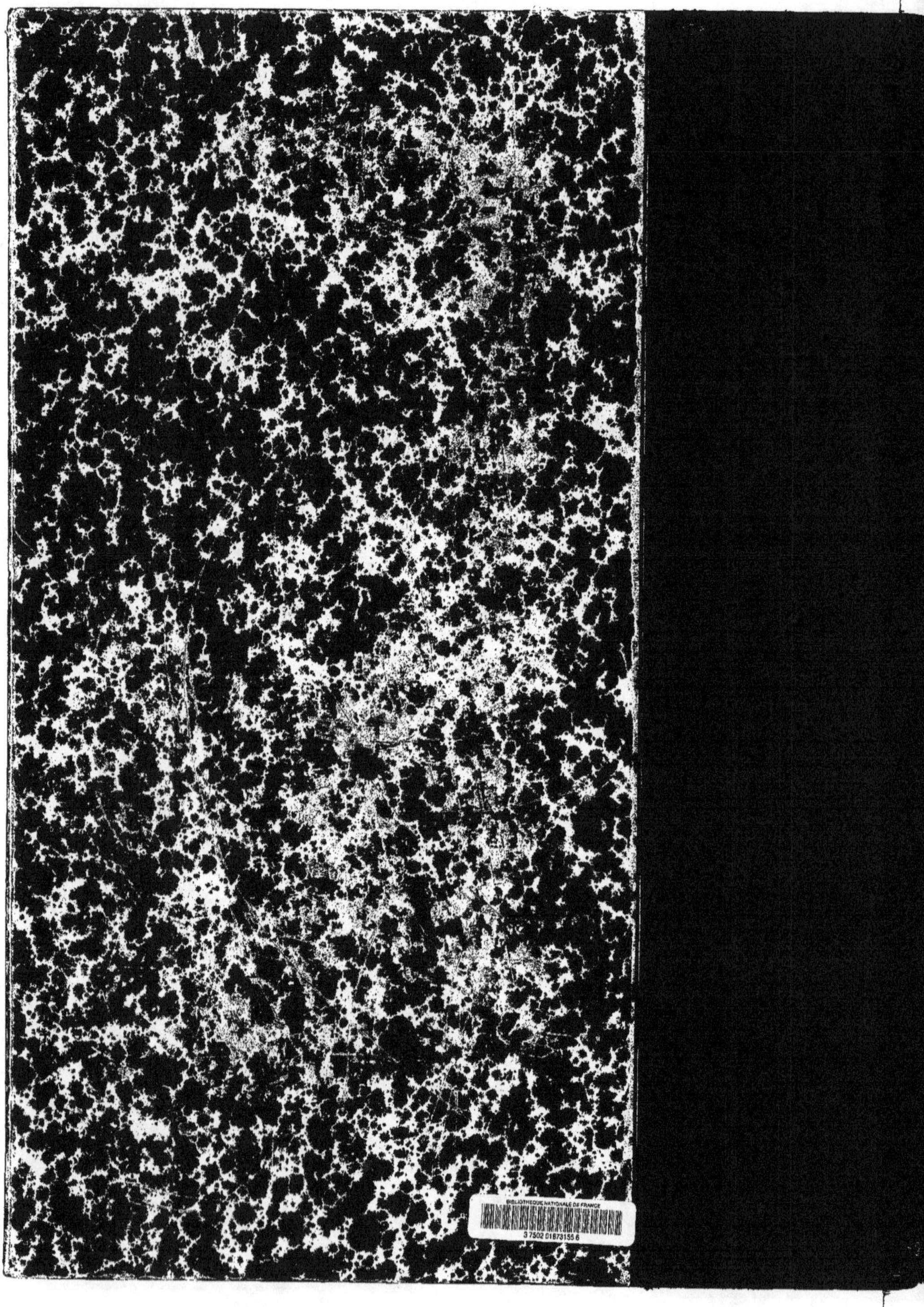

www.ingramcontent.com/pod-product-compliance
Lightning Source LLC
Chambersburg PA
CBHW060600100426
42744CB00008B/1260
* 9 7 8 2 0 1 1 9 1 2 6 8 8 *